新经典高等学校西班牙语专业高年级系列教材
总主编　郑书九

Introducción a la lingüística

语言学导论

曹羽菲 ◎ 主　编

外语教学与研究出版社
北京

图书在版编目 (CIP) 数据

语言学导论 / 曹羽菲主编. —— 北京：外语教学与研究出版社，2020.11
新经典高等学校西班牙语专业高年级系列教材 / 郑书九总主编
ISBN 978-7-5213-2186-9

Ⅰ. ①语… Ⅱ. ①曹… Ⅲ. ①西班牙语 - 语言学 - 高等学校 - 教材 Ⅳ. ①H349.39

中国版本图书馆 CIP 数据核字 (2020) 第 223976 号

出 版 人　徐建忠
责任编辑　李　丹
责任校对　李欣欣
封面设计　水长流文化
出版发行　外语教学与研究出版社
社　　址　北京市西三环北路 19 号（100089）
网　　址　http://www.fltrp.com
印　　刷　三河紫恒印装有限公司
开　　本　787×1092　1/16
印　　张　11.5
版　　次　2020 年 11 月第 1 版 2020 年 11 月第 1 次印刷
书　　号　ISBN 978-7-5213-2186-9
定　　价　36.00 元

购书咨询：(010) 88819926　电子邮箱：club@fltrp.com
外研书店：https://waiyants.tmall.com
凡印刷、装订质量问题，请联系我社印制部
联系电话：(010) 61207896　电子邮箱：zhijian@fltrp.com
凡侵权、盗版书籍线索，请联系我社法律事务部
举报电话：(010) 88817519　电子邮箱：banquan@fltrp.com
物料号：321860001

总序

西班牙语是联合国6种工作语言之一，同时也是世界其他主要国际组织使用的正式语言之一。据西班牙塞万提斯学院2018年统计，全世界约有5.77亿人讲西班牙语，其中把它作为母语的人口约为4.8亿；西班牙语人口呈增长趋势，预计到2050年约占世界总人口的7.7%；以西班牙语作为外语学习或作为第二外语使用的人数超过2,100万，在世界各语种中名列前茅。这些数据表明西班牙语在世界的影响及所发挥的作用不可小觑。

目前，全世界以西班牙语为官方语言的国家和地区共计21个，其中，除西班牙本土和赤道几内亚外，余下19个国家和地区集中在拉丁美洲与加勒比海地区。进入21世纪后我国经济快速发展，对外投资增长迅速，我国对拉丁美洲的投资仅次于对亚洲的投资，居我国对外投资第二位。无论是中国对拉美的贸易及投资的发展，还是同拉美西语国家的文化交流，都有赖于更多西班牙语人才的培养。

新中国成立后的1952年，在时任政务院总理周恩来的关心及直接批示下，外国语学校（北京外国语大学前身）创立了西班牙语专业。但是，在此之后我国的西班牙语教育发展缓慢，平均每四年新增一所开设西语专业的院校。截至1999年全国仅有12所院校开设西班牙语专业，在校生总数约500人。

进入21世纪后，我国高校的西班牙语专业呈"井喷式"的发展态势，2000—2020年间新开设西班牙语专业的院校达88所，平均每年约有四所院校新开设西语专业。2020年开设西班牙语专业的院校已达100所，在校生人数大约为20,000—22,000人，是1999年在校生总数的40—44倍。

我在《全国高等院校西班牙语教育研究》一书的绪论《高等院校西班牙语教育的机遇、挑战与对策》中指出，进入21世纪后的十余年间是我国西班牙语教育规模快速发展的时期，与此同时，我国高校的西班牙语教育也面临着一系列严峻的问题与挑战：缺乏宏观、科学、合理、与社会高速发展形势相适应的整体规划与布局，基本处于无序、自发的发展状态；教学内容和教学方法陈旧，跟不上国际外语教育的发展；课程设置仍然沿袭传统的教学思路，缺乏创新，各校大同小异，缺乏宏观、有区别、有特色、与社会高速发展形势相适应的整体构思；合格师资数量匮乏，教师学术水平及教学质量堪忧；西语四级、八级水平测试缺乏系统、科学的研究与指导；对于西语专业学生的学习动机、学习习惯、自我评估等相关性研究以及对于用人单位对学生的评价和需求等方面的研究基本空白；缺少完整、系统、科学、具有改革思路、与信息社会发展相适应的西班牙语系列教材。

新中国开设西班牙语专业至今有近70年的历史，但是始终没有一套完整的、成体系的教材。近十年来外语教学与研究出版社（以下简称"外研社"）等出版社开始重视高校西班牙语专业教材的编写与出版工作，截至2016年基础阶段的教材（如精读、泛读、听力等）已经基本落实，但是高年级课程教材的缺口仍然较大。在这种情况下，全面规划、系统设计、保质保量地编写出一套高年级教材，成为西班牙语教育界急需做的事情。

2017年春我向外研社综合语种出版分社（现综合语种教育出版分社，以下简称"综语分社"）领导及西葡意语部主任建议，希望外研社抓紧时间，编写一套高校西班牙语专业高年级系列教材。综语分社领导邀我做该系列教材的总主编。我深知此事的艰难，本无意担当此任，但最后还是被"逼上梁山"，做了这套"新经典高等学校西班牙语专业高年级系列教材"（以下简称"新经典系列教材"）的总主编。我之所以接受邀约，就是想踏踏实实地将这套教材编好，也算作在西语界摸爬滚打一辈子的老教师对我国西班牙语教育发展做的最后一点贡献。

我与外研社一起，对"新经典系列教材"做了统筹考虑。我们坚持"开放式"的理念，秉承创新精神，不断开发新选题，扩展并深化该系列。这套教材基本上以西班牙语编写（翻译类除外），大致规划了以下几个板块：语言学板块（包括语言学导论等），文学板块（包括西班牙文学及拉丁美洲文学），语言对象国文化板块（包括西班牙文化及拉丁美洲文化），翻译板块（包括西译中、中译西及口译等），国际贸易板块，中国文化板块（包括中国旅游与文化等）。

"中国文化走出去"不是一句空话，它不仅要求我们的学生学习、了解中国文化的精髓，还要学会如何将所学的知识用外语表述出来，这就需要我们用西班牙语编写一套适当的教材。陶玉平教授主编的《中国旅游与文化教程》是一个尝试，他的不同职业背景的优势以及他娴熟的西班牙语水平，使这部教材值得期待。我们希望通过中国文化板块教材的编写，使西班牙语专业的学生不但了解中国文化传统，还能够用西班牙语传承中国文化。我们也试图将一些行之有效的课堂教学理念引入教材的编写，如"翻转课堂教学模式"及"线上线下混合教学法"在《拉丁美洲文学教程》的编写中均有所体现。

"新经典系列教材"的编写者均为各门课程教学的长期实践者。我们组成了老中青结合、以中青年教师为主的编写班子。各卷主编中既有60—70岁的资深教授，也有30—40岁、学有专长并且有比较丰富教学经验的中青年教师。全国高校西班牙语专业以副教授职称被遴选为博士生导师的两位教师，均在本系列教材主编之列。

该系列教材的编写程序大致如下：根据每门课程的不同情况，我们将不同的教材设计为

16—20个教学单元的教程；总主编、外研社西葡意语部主任及责任编辑与每卷主编反复探讨编写计划，提出教材的大致设想；每卷教材主编与合作者探讨编写的具体内容，提出每卷教材的目录；总主编在此基础上提出意见及建议，大家再次开会确定教材结构与具体内容；整体设计完成后，各卷主编及合作者编写出两个样章供讨论，总主编及责任编辑根据样章再提出具体修改意见。

在确定每部教材的整体内容后，外研社负责设计版式，编写者依照相关格式正式开始编写工作。所有教材在提交定稿前，要请外国专家对语言表述进行认真修改。每卷教材提交定稿后，总主编还会再选取一两个单元审看，并提出修改意见或建议。再次修改后的稿子由外研社正式发排，一校稿由编者及外研社另外邀请的外国专家最后审订。该系列教材实行主编负责制。我们坚持整套教材质量第一，达不到质量要求的书稿坚决不能进入这个系列。

我们衷心希望，该系列教材的编写出版能够对我国高校西班牙语专业高年级课程体系与教材建设发挥积极的推动作用。

郑书九
2020年6月1日于北外西院塔楼

前言

《语言学导论》是供国内高校西班牙语专业高年级学生使用的教材,也可供广大西语学者或研究者自学使用。高年级的学生已具备基本的西班牙语语音、词法和句法知识,也已具备使用西班牙语进行各类学科知识学习的能力。此时,可以进行语言学方面的知识拓展,并使用西班牙语进行相关内容的学习和阅读,进一步构建"西班牙语+语言学"复合知识体系,也为部分学生日后的深造奠定基础。

本书由十六个章节构成。第一章和第二章为总论部分,介绍语言的基本属性和语言学研究的主要范围;第三章至第十二章为主体部分,介绍语言学研究的具体内容,包括语音学、音位学、词法学、句法学、语义学和语用学;第十三章至第十六章为应用部分,介绍语言学在现实社会和实际生活中的应用,包括语言学与外语教学、语言学与政策制定、语言学与词典编纂、语言学与科学技术等内容。建议教学者每章安排一个教学周(两个课时)完成教学内容,另外分别安排两周进行期中和期末教学评估。

本书的每个章节包括基本概念、文献阅读和实操练习三大板块。基本概念板块注重知识性和学术性,同时考虑到大部分学生是第一次接触语言学概念,这一板块控制了概念的难度和数量,每个章节均围绕主题选择最重要的概念进行介绍。文献阅读板块由基础阅读和拓展阅读两部分构成。这一板块的选篇注重中国特色和语言对比,旨在让学生通过一定量的阅读和跨语言比较来消化、理解上一板块中介绍的概念,同时突显家国情怀和国际视野。实操练习板块强调实践和应用,旨在让学生通过实践操作和反复练习来巩固并拓展习得内容。三大板块前后照应、层层深入,编者建议按照板块顺序进行讲授或者自学。我们为需要重点掌握的术语添加了中文标注,方便阅读。部分术语不作为导论性教材的重点学习内容,没有添加中文标注,读者一般了解即可。全书的最后配有术语检索表和练习参考答案,有助于教学者有效利用本教材组织课堂或课外教学活动,也为自学者提供使用便利。

在本书的编写过程中,"新经典高等学校西班牙语专业高年级系列教材"总主编北京外国语大学郑书九教授对全书的框架设计和难度确定提出了指导性意见,同时仔细审阅了样章和初稿,为本书的编写奠定了良好的基础。更重要的是,郑书九教授创新务实、严谨负责的态度给编者树立了榜样。此外,我们参考了很多语言学研究的书籍和文章,也引用了其中部分学者的观点,在此,对这些同仁表示由衷感谢。我们邀请外国专家豪尔赫·埃马努埃尔·克鲁斯·塞尔纳(Jorge Emanuel Cruz Serna)和内斯托尔·亨蒂莱(Nestor Gentile)审阅了整本教材，编者也向他们表示诚挚的谢意。最后，还要感谢外语教学与研究出版社的编辑李丹女士和美仑女士，她们在本书编写的过程中提出了很多专业而宝贵的建议，在她们的不懈努力和大力支持下，本教材得以顺利出版。由于编者能力有限，教材中不免会有错误或者疏漏之处，欢迎广大读者批评指正，以便再版完善。

曹羽菲

2020 年 2 月 20 日于上海

Índice

| Capítulo 1 | La lengua y la lingüística (1) | 1 |

1.1 Conceptos básicos: la lengua 2
1.1.1 La lengua y sus propiedades 2
1.1.2 La lengua y sus variedades 3
1.1.3 Las lenguas del mundo 4
1.2 Lectura 5
1.2.1 Bibliografía básica 5
1.2.2 Bibliografía complementaria 6
1.3 Prácticas y ejercicios 6

| Capítulo 2 | La lengua y la lingüística (2) | 10 |

2.1 Conceptos básicos: la lingüística 11
2.1.1 Ámbitos de la lingüística 11
2.1.2 Niveles de análisis lingüístico 11
2.1.3 Perspectivas de los estudios lingüísticos 12
2.2 Lectura 13
2.2.1 Bibliografía básica 13
2.2.2 Bibliografía complementaria 14
2.3 Prácticas y ejercicios 15

| Capítulo 3 | La fonética y la fonología (1) | 19 |

3.1 Conceptos básicos: la fonética 20
3.1.1 Fonética articulatoria 21
3.1.2 Fonética acústica 22
3.1.3 Fonética perceptiva 23
3.2 Lectura 24
3.2.1 Bibliografía básica 24

3.2.2　Bibliografía complementaria ··· 26
3.3　Prácticas y ejercicios ·· 27

Capítulo 4　La fonética y la fonología (2) ·································· 30

4.1　Conceptos básicos: la fonología ··· 31
4.1.1　Elementos segmentales ··· 31
4.1.2　Elementos suprasegmentales ·· 32
4.1.3　Rasgos distintivos ·· 32
4.2　Lectura ··· 33
4.2.1　Bibliografía básica ·· 33
4.2.2　Bibliografía complementaria ··· 35
4.3　Prácticas y ejercicios ··· 35

Capítulo 5　La morfología (1) ·· 39

5.1　Conceptos básicos: la morfología flexiva ··································· 40
5.1.1　Morfemas en español ··· 40
5.1.2　Morfemas en chino ··· 41
5.1.3　Morfología sincrónica y diacrónica ·································· 41
5.2　Lectura ··· 42
5.2.1　Bibliografía básica ·· 42
5.2.2　Bibliografía complementaria ··· 43
5.3　Prácticas y ejercicios ··· 43

Capítulo 6　La morfología (2) ·· 47

6.1　Conceptos básicos: la morfología léxica ···································· 48
6.1.1　Derivación ·· 48
6.1.2　Composición ·· 49
6.1.3　Flexión ·· 50
6.2　Lectura ··· 51
6.2.1　Bibliografía básica ·· 51
6.2.2　Bibliografía complementaria ··· 52

| 6.3 | Prácticas y ejercicios | 53 |

Capítulo 7   La sintaxis (1) 56

7.1 Conceptos básicos: unidad mínima del análisis sintáctico 57
7.1.1   Clases de palabras 57
7.1.2   Categorías léxicas y funcionales 58
7.1.3   Tipología sintáctica 59
7.2 Lectura 59
7.2.1   Bibliografía básica 59
7.2.2   Bibliografía complementaria 62
7.3 Prácticas y ejercicios 62

Capítulo 8   La sintaxis (2) 66

8.1 Conceptos básicos: estructura interna y funciones gramaticales 67
8.1.1   Categorías sintagmáticas 67
8.1.2   Estructura de constituyentes 68
8.1.3   Funciones gramaticales 69
8.2 Lectura 70
8.2.1   Bibliografía básica 70
8.2.2   Bibliografía complementaria 72
8.3 Prácticas y ejercicios 72

Capítulo 9   La semántica (1) 75

9.1 Conceptos básicos: la semántica léxica 76
9.1.1   Significado léxico 76
9.1.2   Relaciones de significado 77
9.1.3   El problema de la relatividad lingüística 77
9.2 Lectura 78
9.2.1   Bibliografía básica 78
9.2.2   Bibliografía complementaria 80
9.3 Prácticas y ejercicios 80

Capítulo 10   La semántica (2) · 83

10.1   Conceptos básicos: la semántica composicional · 84
10.1.1   Infinitud de las expresiones complejas · 84
10.1.2   Relaciones entre las expresiones complejas · 84
10.1.3   Estrategias de la semántica composicional · 85
10.2   Lectura · 86
10.2.1   Bibliografía básica · 86
10.2.2   Bibliografía complementaria · 88
10.3   Prácticas y ejercicios · 88

Capítulo 11   La pragmática (1) · 91

11.1   Conceptos básicos: la pragmática cognitiva · 92
11.1.1   Significado e interpretación · 92
11.1.2   Descodificación e inferencia · 93
11.1.3   Contenido explícito y contenido implícito · 93
11.2   Lectura · 94
11.2.1   Bibliografía básica · 94
11.2.2   Bibliografía complementaria · 96
11.3   Prácticas y ejercicios · 96

Capítulo 12   La pragmática (2) · 99

12.1   Conceptos básicos: la pragmática social · 100
12.1.1   Intención comunicativa · 100
12.1.2   Relaciones interpersonales · 101
12.1.3   Cortesía estratégica · 102
12.2   Lectura · 102
12.2.1   Bibliografía básica · 102
12.2.2   Bibliografía complementaria · 104
12.3   Prácticas y ejercicios · 105

Capítulo 13 — La lingüística y la adquisición/enseñanza de lenguas — 109

13.1 Conceptos básicos: la lingüística y la adquisición/enseñanza de lenguas — 110
13.1.1 Análisis contrastivo — 110
13.1.2 Análisis de errores — 111
13.1.3 Distinción entre falta y error — 112
13.2 Lectura — 112
13.2.1 Bibliografía básica — 112
13.2.2 Bibliografía complementaria — 113
13.3 Prácticas y ejercicios — 114

Capítulo 14 — La lingüística y la política — 117

14.1 Conceptos básicos: la lingüística y la política — 118
14.1.1 Política lingüística y planificación lingüística — 118
14.1.2 Política lingüística panhispánica — 119
14.1.3 Organismo que ejecuta la planificación del corpus en España — 120
14.2 Lectura — 121
14.2.1 Bibliografía básica — 121
14.2.2 Bibliografía complementaria — 122
14.3 Prácticas y ejercicios — 122

Capítulo 15 — La lingüística y la lexicografía — 127

15.1 Conceptos básicos: la lingüística y la lexicografía — 128
15.1.1 Historia de la lexicografía — 128
15.1.2 Tipología de los diccionarios — 129
15.1.3 Las entradas léxicas — 130
15.2 Lectura — 130
15.2.1 Bibliografía básica — 130
15.2.2 Bibliografía complementaria — 133
15.3 Prácticas y ejercicios — 134

Capítulo 16　La lingüística y las tecnologías ········ 137

16.1　Conceptos básicos: la lingüística y la informática ········ 138
16.1.1　Las tecnologías del habla ········ 138
16.1.2　Las tecnologías del texto ········ 139
16.1.3　Los recursos lingüísticos ········ 140
16.2　Lectura ········ 141
16.2.1　Bibliografía básica ········ 141
16.2.2　Bibliografía complementaria ········ 142
16.3　Prácticas y ejercicios ········ 143

Bibliografía general ········ 146

Apéndice I　Glosario ········ 151

Apéndice II　Solucionario ········ 155

Capítulo 1
La lengua y la lingüística (1)[*]

    1.1 Conceptos básicos: la lengua
        1.1.1 La lengua y sus propiedades
        1.1.2 La lengua y sus variedades
        1.1.3 Las lenguas del mundo

    1.2 Lectura
        1.2.1 Bibliografía básica
        1.2.2 Bibliografía complementaria

    1.3 Prácticas y ejercicios

---

[*] La presentación de los términos y conceptos de este capítulo se basa en Escandell et al. (2011).

Las lenguas constituyen el patrimonio cultural más valioso de la humanidad. Son fundamentales para el conocimiento. Cada lengua ofrece un sistema de conceptos que nos ayuda a interpretar la realidad. La complejidad de la realidad se comprende mejor gracias a la diversidad de las lenguas. El progreso en el conocimiento se debe, entre otros factores a la creciente diversidad lingüística que ha caracterizado la especie humana. Las lenguas también son fundamentales en la generación y transmisión de los valores. Cada lengua expresa una sensibilidad ética diferenciada. Cada lengua nos ofrece símbolos y metáforas para tratar lo misterioso o lo sagrado (Martí et al., 2006: 13).

A diferencia de otros lenguajes de animales, las lenguas que posee el ser humano cuentan con sus propias características y presentan diferentes variaciones. En este capítulo, explicaremos primero las propiedades de la lengua y presentaremos después sus **variedades** (变体) así como las diferentes lenguas del mundo.

1.1 Conceptos básicos: la lengua

Las lenguas del mundo son muy diversas entre sí; a pesar de esta diversidad, todas ellas proporcionan a sus hablantes las mismas potencialidades generales que les permiten comunicarse sin ninguna dificultad. Para entender esta identidad sustancial será necesario encontrar las propiedades comunes que permiten explicarla: no se trata de buscar rasgos simplemente frecuentes en una determinada zona, en una familia de lenguas o en la mayoría de las lenguas; se trata de identificar aquellos rasgos que se hallan en todas las lenguas precisamente porque son características de diseño que hacen que las lenguas naturales sean como son y funcionen de la manera en que lo hacen.

1.1.1 La lengua y sus propiedades

Los lingüistas siempre se esfuerzan por comparar las lenguas y encontrar las propiedades que subyacen en todas ellas. Hasta la fecha, las propiedades encontradas son las siguientes:

(1) La modalidad básica del lenguaje humano se fundamenta en la emisión y recepción de sonidos articulados. El sonido se produce en las cuerdas vocales y el sistema auditivo humano presenta capacidades de discriminación especializadas. La utilización del canal **vocal-auditivo** (发声-听觉的) tiene la ventaja de dejar el resto del organismo libre para realizar otras actividades al mismo tiempo. El carácter vocal-auditivo se incluye como una de las propiedades definitorias de las lenguas humanas para subrayar que es la lengua hablada, y no la escrita, la modalidad natural del lenguaje. Las **lenguas de signos** (手语) emplean la modalidad **gestual-visual** (手势-视觉的), en lugar de la vocal-auditiva; por lo demás, comparten los rasgos propios de las lenguas naturales.

(2) Como consecuencia directa de la física del sonido, las señales lingüísticas se transmiten por el medio aéreo en todas las direcciones. El receptor, por su parte, percibe la señal asociada a un punto determinado, eso es, proveniente de una determinada dirección.

(3) Las señales vocales emitidas por los seres humanos desaparecen con rapidez, y no perduran en el espacio o en el tiempo.

(4) El sistema fonador humano puede emitir una gama muy variada de sonidos. Los hablan-

tes, sin embargo, interpretamos este continuo como si estuviera formado por unidades discretas, es decir, por categorías diferentes y diferenciadas entre sí. En el plano sonoro cada lengua selecciona solo un subconjunto de estos sonidos y establece diferencias categoriales entre ellos, es decir, establece su propio inventario de unidades discretas. Esto explica que lo que es un contraste básico en una lengua pueda no serlo en otra: por ejemplo, el contraste entre [p] y [b] no tiene carácter discreto en otras lenguas, como el árabe.

(5) La existencia de un vínculo, de una asociación fija, sistemática y constante entre la forma de un signo y el contenido que dicho signo representa.

(6) No hay ninguna conexión natural entre las propiedades físicas de la imagen acústica de un signo y las de la representación mental o el objeto al que dicho signo se asocia.

(7) Las lenguas cuentan con unidades menores sin significado que se pueden unir en combinaciones infinitas para construir unidades mayores con significado.

(8) El lenguaje permite producir e interpretar mensajes que no se han producido e interpretado con anterioridad. La posibilidad de acuñar nuevas expresiones no se limita a la producción de enunciados oracionales; está presente también en nuestra capacidad de derivar y construir nuevas palabras, que pasan a formar parte del inventario léxico de la lengua.

(9) Las actividades físicas encaminadas a la producción de la lengua no desempeñan ninguna otra función biológica más que la de servir como señales; y las **ondas sonoras** (声波) producidas como señales lingüísticas tampoco tienen otra función que la de transmitir los contenidos a ellas asociadas. Y, a pesar de que los órganos implicados en la producción sí tienen otras funciones, la evolución los ha especializado para la tarea lingüística, de modo que cuando se emplean en la producción y recepción de la lengua exhiben también un comportamiento especializado.

(10) La lengua nos permite hacer referencia a entidades y acontecimientos distantes en el espacio y en el tiempo, es decir, no presentes ni ligados directamente al momento y al lugar del habla.

(11) Cualquier usuario de una lengua puede participar como emisor y como receptor, y estos papeles son reversibles: el hablante se convierte en oyente, y viceversa.

(12) No solo las funciones de emisor y receptor son intercambiables, sino que cada emisor es, demás, receptor de su propia emisión, por lo que puede vigilar y controlar su producción a medida que la emite, e incluso corregir sus posibles errores. La **retroalimentación** (反馈) es importante porque hace posible la **interiorización** (内化) del propio comportamiento comunicativo, lo que constituye, a su vez, una parte del pensamiento.

(13) La lengua no se desarrolla si el individuo no está expuesto desde su infancia al uso de la lengua de su comunidad.

1.1.2 La lengua y sus variedades

Una variedad es cada uno de los conjuntos definidos de rasgos específicos que caracterizan el uso de una lengua por parte de los hablantes, conforme a factores de distinta naturaleza. Los factores extralingüísticos geográficos, sociales y situacionales dan lugar a tres tipos de variedades:

(1) La **variedad diatópica** (地域变体): Está relacionada con factores geográficos. Se trata, en realidad, del **dialecto** (方言) y sus divisiones internas. Por ejemplo, tenemos el español de España y

el español de México. Son variedades diatópicas diferentes.

En todas las lenguas hay una variedad que se conceptúa como culta, propia de las clases sociales altas y poderosas, y a la que se le otorga un gran reconocimiento social. Esta variedad se denomina **lengua estándar** (标准语).

(2) La **variedad diastráctica** (社会变体): Depende de factores sociales diversos. Es el sociolecto, referido, sobre todo, al estrato social. En términos más concretos, las personas de diferentes clases sociales, niveles de educación, profesiones o sexos hablan de maneras distintas, y precisamente estos son los principales factores que influyen en la selección y el uso de las determinadas variedades diastrácticas.

(3) La **variedad diafásica** (语用变体): Está determinada por el contexto o la situación comunicativa. Se denominan habitualmente **registros** (语域). Por ejemplo, tenemos registro formal, neutro y coloquial, y empleamos para diferentes registros una variedad distinta.

1.1.3 Las lenguas del mundo

Seguramente le sorprenderá saber que, en la actualidad, según los datos de 2009 de la UNESCO, hay 6700 lenguas vivas conocidas en el mundo sin tener en cuenta sus variedades. Pero las lenguas no se distribuyen de manera homogénea. De hecho, lo que llama más la atención de la situación lingüística del siglo XXI son los monstruosos desequilibrios que existen entre las lenguas del mundo. La mayoría de ellas son habladas por muy pocas personas y unas pocas tienen una extensión enorme. (Martí et al., 2006: 97)

En América hay dos lenguas claramente predominantes: el inglés en el norte y el español en el sur, con una presencia importante del portugués (Brasil) y del francés (Canadá, Estados Unidos e islas del Caribe).

En África, el árabe en el norte, el inglés, en el oeste y centro y en el sur; el francés, en el oeste y centro y el portugués son las lenguas coloniales que dominan en muchos ámbitos políticos decisivos. Ciertas lenguas autóctonas de África tienen también una gran extensión e influencia.

En Europa, cada Estado tiene su propia lengua o lenguas dominantes, aunque el inglés, el alemán y el francés ocupan ámbitos importantes, ya sea por el número de países en los que tales lenguas son oficiales (el caso del alemán y en menor medida del francés e inglés) ya sea por la influencia económica, política y cultural de ellas (inglés y francés).

En Asia septentrional y central el ruso sigue ocupando un lugar importante como lengua internacional, a pesar de la desaparición de la URSS. En el subcontinente indio existe una apreciable variedad lingüística con una importante base demográfica, pero el inglés, herencia colonial, sigue desempeñando un papel decisivo en muchos ámbitos. En Asia oriental el chino ocupa un lugar importante por factores demográficos, políticos y de influencia cultural, junto con el japonés como lengua asociada a un país de gran poder económico y prestigio cultural. El francés sigue gozando de cierta influencia en Indochina, como resto de la herencia colonial.

En el Pacífico, tenemos el indonesio como lengua asociada a los centros de poder y el francés y, sobre todo, el inglés y el francés como lenguas dominantes en muchas zonas (Australia, Nueva Zelanda y diversas islas del pacífico).

1.2 Lectura

1.2.1 Bibliografía básica

Diversidad lingüística en China
(Adaptación de Sun y Huang, 2006)

Según datos históricos, muchas de las comunidades minoritarias que hay hoy en China ya vivían en el extenso territorio geográfico de China hace al menos 3000 años. Sin embargo, debido a los contactos y alianzas entre tribus antiguas y otros grupos, se produjo la integración gradual entre estas numerosas lenguas, y se formaron grupos de lenguas más pequeños. Solo aquellas lenguas y culturas minoritarias con menos contactos externos, y quienes formaron menos alianzas con otras tribus, pudieron conservar sus lenguas más completamente. Desde entonces China adoptó el "han" como el principal grupo étnico, cuya influencia sigue extendiéndose. Aquellos grupos que no se integraron se han convertido en las minorías étnicas de la actualidad, manteniendo sus propias lenguas y culturas.

Desde el punto de vista histórico y actual, la etnia "han" china y las 55 minorías étnicas de China son parte integral de la ciudadanía china. La diversidad y la pluralidad de las relaciones y las tipologías de sus lenguas y culturas son características distintivas de las minorías étnicas de China. Su extensa representación en la historia humana y en el territorio geográfico refleja en detalle la creatividad del ser humano, y representa una contribución intransferible para la rica estructura lingüística y para el patrimonio cultural del ser humano. Los profundos misterios y genios creativos que hubo en las lenguas y culturas del mundo antiguo no se pueden describir adecuadamente con las lenguas de la actualidad, ni se pueden explicar en su totalidad por medio de los sistemas de conocimiento actuales. Respecto a las lenguas y culturas minoritarias de China, existen muchas formas fonológicas, gramaticales y léxicas, normas de conducta y sistemas de valores que son diferentes de aquellos propios de lenguas y culturas "más dominantes". Estas diversas y ricas categorías lingüísticas y formas culturales tienden a ser frecuentes en las culturas que no son las principales, pertenecientes a grupos étnicos más pequeños que pueden encontrarse en peligro de desaparición.

Por varias razones, el número total de lenguas y culturas minoritarias, y de sus funciones sociales ha descendido bruscamente en las últimas décadas. Esto ha producido evidentes efectos negativos: un descenso gradual en lingüística humana y en recursos culturales; un estrechamiento del espacio vital para esas culturas; conflictos y dificultades insuperables para los grupos minoritarios que se tienen que adaptar a la vida del mundo globalizado actual; y un deterioro inevitable del entorno socio-cultural y del desarrollo sostenible del que depende la diversidad.

El ser humano necesita tener un conocimiento racional de sí mismo, y debe ser responsable de su propia historia y futuro. Vista desde esta perspectiva, la recogida de información, la conservación y, hasta cierto punto, el renacimiento de las lenguas en peligro de extinción constituyen una importante labor en la conservación de la diversidad mundial. Dicha labor es especialmente urgente para las lenguas en peligro que están a punto de desaparecer, y para las que no tienen sistemas de escritura.

La riqueza de una cultura está en su lengua, que capta la esencia de la cultura y las experiencias tradicionales de sus hablantes. Esto es así sobre todo para las lenguas que no tienen escritura o para las lenguas cuyo sistema de escritura está relativamente sin desarrollar. El conocimiento y las experiencias de una comunidad están recogidos en su lengua y, por tanto, esa lengua es imprescindible para poder transmitirlos de generación en generación. Por ello, la desaparición gradual de la lengua de una comunidad étnica es un daño irreparable, y, al mismo tiempo, representa una pérdida para nuestro patrimonio humano común. La diversidad lingüística y cultural es imprescindible para la riqueza y el color de nuestro mundo.

Desde el punto de vista puramente lingüístico, los ricos recursos de China son sumamente valiosos para el desarrollo de la lingüística del país. Cuando más valiosos sean los recursos lingüísticos, mayor será el potencial para el desarrollo.

1.2.2 Bibliografía complementaria

[1] FITCH W T, HAUSER M D, CHOMSKY N, 2005. The evolution of the language faculty: Clarifications and implications[J]. Cognition, 97(2): 179-210.

[2] GRIMES B F, 1996. Ethnologue: Languages of the World[M]. Dallas: Summer Institute of Linguistics.

[3] MARTÍ F, ORTEGA P, IDIAZABAL I, et al., 2006. Palabras y mundos. Informe sobre las lenguas del mundo[M]. Barcelona: Icaria Antrazyt.

[4] MORENO J C, 2003. El universo de las lenguas. Clasificación, denominación, situación, tipología, historia y bibliografía de las lenguas[M]. Madrid: Castilia.

1.3 Prácticas y ejercicios

Identificación de los rasgos exclusivos del lenguaje humano
(Extracción de Escandell et al., 2011: 13)

Muchas especies de animales son capaces de transmitir algunas informaciones y avisos. Sin embargo, si se comparan las propiedades de los medios de que se sirven con las del lenguaje humano, se podrá comprobar que, junto a algunas semejanzas, existen también diferencias muy significativas. Si se consideran las propiedades del lenguaje humano que no están presentes en otros sistemas, se verá que forman un núcleo coherente: los rasgos exclusivos de las lenguas humanas son la dualidad de estructuración, la productividad y el desplazamiento.

La dualidad de estructuración y la productividad —dos rasgos que no se observan conjuntamente en los sistemas de otras especies— constituyen dos características de diseño que potencian la economía del sistema: a partir de un inventario muy limitado de unidades mínimas, las lenguas construyen primero piezas simples con significado, que luego se combinan para formar expresiones complejas. La dualidad de estructuración es posible, a su vez, gracias a que los signos lingüísticos son arbitrarios y están compuestos por unidades discretas. La productividad, por su parte, es la capacidad de construir e interpretar nuevos signos. No existe nada parecido a la productividad de las lenguas humanas en otras especies.

Los sistemas de comunicación animal están constituidos, a lo sumo, por un inventario más o menos amplio —pero siempre limitado y cerrado— de signos: se trata, por tanto, de un código simple, es decir, de un catálogo de correspondencias que no puede expandirse, ya que no incluye pautas regulares de combinación. Por ello, no solo el inventario de signos es finito y cerrado, sino que es también finito y cerrado el inventario de contenidos que se pueden comunicar.

El lenguaje humano consta también de un inventario de signos, pero no se reduce a eso; posee, además, un conjunto de principios y de reglas que determinan cómo se combinan esos signos para expresar significados más complejos. Cada lengua tiene, pues, un léxico y una gramática. Y es precisamente la posesión de una gramática lo que singulariza el lenguaje humano frente a otros instrumentos de comunicación que podemos encontrar en la naturaleza y también lo que confiere a las lenguas naturales su extraordinario potencial. La productividad del lenguaje humano representa la capacidad de hacer un uso infinito de medios finitos.

El desplazamiento es consecuencia inmediata de la autonomía del sistema combinatorio: las potencialidades combinatorias del sistema permiten crear e interpretar cualquier secuencia, siempre y cuando esté formado de acuerdo con las reglas. Esta propiedad sustenta el uso libre y voluntario del lenguaje entre los humanos: el sistema nos permite hacer referencia a entidades o acontecimientos no directamente observables o inexistentes. Como consecuencia, la actividad lingüística no está necesariamente ligada al presente, ni está desencadenada de manera inevitable por condiciones específicas del entorno inmediato. Para los demás seres del mundo natural, en cambio, la transmisión de información es meramente un reflejo condicionado.

Clasificación de las lenguas del mundo
(Adaptación de Escandell et al., 2011: 23)

Se pueden clasificar las lenguas en grupos o familias según tres criterios: el genético, que agrupa las lenguas por sus relaciones de parentesco; el tipológico, que reúne las lenguas con características comunes y el geográfico, que clasifica las lenguas por su distribución geográfica.

(1) Clasificación genética

El modelo más habitual de clasificar las lenguas ha sido el genético, basado en las relaciones de parentesco que existen entre las que poseen un origen común, a partir de unos rasgos lingüísticos coincidentes que permiten extraer conclusiones históricas. Este sistema ha permitido clasificar el 90% de las lenguas conocidas del mundo. En este sistema de clasificación, los dos niveles más importantes y tienen rangos superiores son el **filo** (语系) y la **familia** (语族): filo > familia. Los filos constan de familias. Por ejemplo, el chino pertenece a la familia sínica del filo sino-tibetano, y el español, a la familia romance del filo indo-europeo.

(2) Clasificación tipológica

La clasificación tipológica se basa en la relación que existe entre las lenguas teniendo en cuenta su estructura interna. De acuerdo con este criterio, las lenguas son clasificadas en **lenguas aislantes** (孤立语) o **analíticas** (分析语), **aglutinantes** (黏着语), **flexivas** (屈折语) y **polisintéticas** (复综语).

Las lenguas aislantes tienen palabras invariables sin **flexión** (屈折) y las relaciones gramaticales y sintácticas se manifiestan mediante un orden estricto de las palabras en la oración. Por ejemplo, el chino se considera una lengua con características aislantes, ya que las palabras en chino no tienen flexión, y en muchos casos las relaciones gramaticales y sintácticas en esta lengua se manifiestan por medio del orden de palabras. Las lenguas aglutinantes poseen **morfemas** (语素) claramente diferenciados que expresan un único significado. Su morfología es muy rica, incluso más que la de las lenguas flexivas, con numerosos afijos. Se consideran lenguas con características aglutinantes, por ejemplo, vasco, húngaro, turco, japonés, coreano, swahili, quechua y náhuatl, entre otros.

Una lengua es flexiva cuando sus morfemas no siempre son claramente distinguibles unos de otros. Se consideran lenguas con características flexivas la gran mayoría de lenguas indoeuropeas. Las lenguas polisintéticas poseen palabras muy complejas, auténticos conglomerados de elementos gramaticales y semánticos, combinando rasgos aglutinantes y aislantes, que equivalen, en muchos casos, a una oración. Se consideran lenguas con características polisintéticas el esquimal de Alaska y algunas amerindias. Hace falta resaltar que los tipos de lenguas no son puros, en el sentido de que no son estrictamente aislantes, aglutinantes o flexivas.

(3) Clasificación geográfica

La clasificación geográfica permite ver la distribución de las lenguas en ámbitos geográficos de distinta naturaleza: un continente, un país, territorios que sobrepasan los límites de los países o pequeñas regiones; así se habla de lenguas de Europa, de Asia, del Cáucaso, de la India, o lenguas de África Subsahariana. Gracias a esta clasificación se pueden establecer las fronteras entre las lenguas, la estructura del continuo lingüístico, las zonas de contacto entre áreas lingüísticas o ver qué lenguas comparten un mismo espacio geográfico.

Cuestionario

(1) ¿Cuáles son las propiedades que caracterizan a las lenguas?

(2) ¿Cuál es la diferencia entre las lenguas naturales y las lenguas de signos?

(3) Complete el siguiente esquema acerca de la variedad lingüística:

Factores influentes	Variedad
Factores geográficos	
Factores sociales	
Contexto o situación comunicativa	

(4) ¿Cuáles son los criterios con los que solemos efectuar la clasificación lingüística?

Capítulo 2
La lengua y la lingüística (2)[*]

2.1 Conceptos básicos: la lingüística
    2.1.1 Ámbitos de la lingüística
    2.1.2 Niveles de análisis lingüístico
    2.1.3 Perspectivas de los estudios lingüísticos

2.2 Lectura
    2.2.1 Bibliografía básica
    2.2.2 Bibliografía complementaria

2.3 Prácticas y ejercicios

---

[*] La presentación de los términos y conceptos de este capítulo se basa en Escandell et al. (2011).

La lingüística es una disciplina que se encarga del estudio científico y sistemático de las lenguas naturales y todo lo relacionado con ellas. En este capítulo, explicaremos los conceptos básicos de esta disciplina y presentaremos de manera general sus aplicaciones en diversas áreas. La explicación de los conceptos abarca también la presentación de las perspectivas que suelen adoptar los investigadores al llevar a cabo los estudios lingüísticos.

2.1 Conceptos básicos: la lingüística

El gran investigador Ferdinand de Saussure, quien ha ejercido una gran influencia en la lingüística moderna, sostiene que el estudio lingüístico comprende tanto la estructura de lenguas como los aspectos asociados a ella. Por lo tanto, la lingüística abarca diferentes ámbitos y niveles de estudio y los lingüistas pueden adoptar distintos enfoques para realizar sus investigaciones.

2.1.1 Ámbitos de la lingüística

La lingüística quiere ofrecer una respuesta científica a las preguntas que podemos plantearnos sobre el lenguaje. Pero, dada la enorme diversidad de facetas que presentan los fenómenos lingüísticos, resulta lógico que una teoría con un único conjunto de principios pueda dar cuenta de todos los fenómenos que, de una forma u otra, tienen que ver con el lenguaje y con las lenguas. Por ello, a partir del siglo XX, la lingüística se ha ido articulando en diferentes ámbitos y disciplinas, cada una de las cuales pone énfasis en aspectos particulares de la realidad lingüística, privilegiando en cada caso un determinado enfoque sobre los demás. Los ámbitos fundamentales en que se organizan las investigaciones lingüísticas son tres: el de la estructura y sus propiedades formales (lingüística interna), el de la cognición y los fundamentos biológicos del lenguaje (**psicolingüística**) (心理语言学), y el de la sociedad y la actividad lingüística y sus productos (**sociolingüística**) (社会语言学).

2.1.2 Niveles de análisis lingüístico

La lingüística interna cuenta con diferentes niveles de análisis, que van desde las propiedades del medio físico que sirve de soporte a la producción y recepción de los signos lingüísticos, a su organización en unidades mínimas discretas sin significado y hasta el modo en que se construyen significados complejos, pasando por el análisis de las reglas de combinación que explican el paso de una cadena de sonidos a una representación del significado, y viceversa:

(1) La **fonología** (音位学) se ocupa de la estructura de los sonidos de las lenguas.

(2) La **morfología** (词法学) estudia la estructura interna de las palabras y los principios que rigen la configuración de dicha estructura.

(3) La **sintaxis** (句法学) se ocupa de las reglas que rigen la combinación de las palabras para formar unidades mayores.

(4) La **semántica** (语义学) es el estudio del significado de las unidades léxicas y de sus combinaciones.

A los niveles estructurales y constitutivos propiamente dichos se añaden otras dos disciplinas que se sitúan en la zona de contacto entre el sistema lingüístico y otros sistemas:

(5) La **fonética** (语音学) es una disciplina auxiliar de la lingüística que estudia los sonidos como realidad física, tanto en lo que concierne a su génesis (articulación), como a su transmisión (acústica) y a su descodificación (percepción).

(6) La **pragmática** (语用学) es una perspectiva de análisis que se ocupa de la interacción entre los significados codificados y los diferentes aspectos del contexto.

2.1.3 Perspectivas de los estudios lingüísticos

Actualmente, los estudios lingüísticos se abordan desde varias perspectivas, que representan puntos de vista, intereses y objetivos diferentes. Presentaremos a continuación dos de las perspectivas más importantes:

(1) Perspectiva externa y perspectiva interna.

La perspectiva externa se interesa por la lengua como producto. Quienes adoptan esta perspectiva se ocupan de las manifestaciones externas (conversaciones, textos...), y estudian en profundidad sus propiedades observables. Dentro de esta perspectiva se sitúan disciplinas como el **análisis del discurso** (话语分析) o la sociolingüística.

La perspectiva interna centra su atención en la lengua como capacidad y como conocimiento y se interesa especialmente por los mecanismos y por los sistemas subyacentes de los que dependen que seamos capaces de hablar y de comunicarnos. Dentro de esta perspectiva, la lingüística se hermana frecuentemente con ciencias como la psicología, la neurología y la inteligencia artificial. Cuando entendemos la gramática como una teoría sobre la competencia de los hablantes estamos adoptando una perspectiva interna.

(2) Perspectiva **sincrónica** (共时的) y perspectiva **diacrónica** (历时的).

Las lenguas cambian y este cambio es en sí mismo un dato que los lingüistas deben analizar y explicar: deben determinar las causas de los cambios y los principios que rigen la dinámica de la evolución lingüística.

Mientras que en épocas anteriores el conocimiento de los orígenes de las palabras y de las construcciones era una parte más de su descripción, la lingüística moderna ha preferido mantener separados por razones metodológicas el estudio del sistema lingüístico en una época determinada y el estudio de la evolución y los cambios sufridos. La perspectiva que se ocupa de estudiar una lengua en un momento concreto es una perspectiva sincrónica.

La perspectiva diacrónica, en cambio, se ocupa de las transformaciones producidas en subsistemas concretos a lo largo de la historia: pueden analizarse, por ejemplo, los cambios sufridos en el sistema para expresar las relaciones gramaticales en la evolución del latín (una lengua con casos) al español (una lengua sin casos).

2.2 Lectura

2.2.1 Bibliografía básica

Análisis del artículo definido en español y los clasificadores numerales en chino desde la perspectiva diacrónica
(Extracción de Cao, 2014a)

Durante la evolución diacrónica, al desaparecer la flexión nominal, el sustantivo en español solo expresa el significado y las relaciones sintagmáticas se encomiendan a elementos adjuntos. Por ejemplo, en latín, *pater* en nominativo tanto indica "padre" como "sujeto de frases" (Alonso, 1967). Debido a la ausencia de la flexión nominal, el español moderno acude al artículo definido para la indicación del sujeto. En otras palabras, *pater* del latín en nominativo toma en el español moderno la forma "el padre".

En chino se registra una evolución parecida. Con la desaparición del significado de cantidad, el sintagma "uno + clasificador numeral (CLF.Num)" comenzó a tomar la forma "uno+ 个/ge/" o "个/ge/" (CLF.Num general), y su uso como señal de un complemento se hacía cada día más frecuente. Además, como el chino es una lengua analítica que se caracteriza por la carencia de la flexión, para señalar la función sintáctica de complemento que desempeñan unas expresiones nominales la gente empezó a utilizar el "CLF.Num general" en combinación con los verbos.

Más tarde el "个/ge/" comenzó a aplicarse no solo a los verbos y a los adjetivos sino también a las frases verbales, e incluso oraciones subordinadas que sirven como complemento en una oración:

a. "个/ge/" + adjetivo:
人不辨个大小轻重无鉴识。(陆九渊,《象山先生集》)
b. "个/ge/" + oración subordinada:
似斗草儿童，赢个他家偏有。(辛弃疾,《稼轩长短句》)

Además, cabe señalar que en chino la omisión del numeral es frecuente con los complementos pero no es posible con los sujetos. Este hecho no es difícil de explicar, puesto que siendo una representación gramaticalizada de indefinitud, el CLF.Num solo no debe aparecer en los sujetos, que requieren en la mayoría de los casos una interpretación definida.

Queremos resaltar que en los ejemplos (a-c) arriba puestos, todos los CLF.Num están empleados de manera aislada, es decir, no están en combinación con los numerales. Este tipo de CLF.Num son los más representativos de la gramaticalización, ya que según Heine (1997: 76), cuanto más camino recorre un elemento desde un numeral hasta una representación de indefinitud, más afectado será por los fenómenos del proceso de gramaticalización, como el blanqueo, la cliticización y la erosión fonética, etc. Al desaparecer el numeral en el sintagma "uno (一/yi/)+ CLF.Num", se blanquea la indicación de la cantidad y al mismo tiempo se produce la erosión fonética de "yi". En la última fase de tal proceso, el CLF.Num solo se vuelve cliticizado y gramaticalizado como representación de la indefinitud.

Los argumentos y ejemplos arriba expuestos apoyan la observación que ha hecho Chen (2004: 1177): en chino no existen marcas simples y completamente gramaticalizadas de definitud. La definitud como una categoría gramatical aún no se ha desarrollado en la lengua china.

"To begin with, there is no simple, fully grammaticalized marker of definiteness in Chinese, like the definite article in English. [...] This leads to the conclusion that definiteness as a grammatical category, as defined in the narrow sense of the term, has not been fully developed in Chinese."

En resumen, diacrónicamente el artículo definido del español empieza a ser la señal del sujeto, mientras que el CLF.Num del chino empieza a ser la indicación del complemento. Sincrónicamente, la definitud en español está gramaticalizada, mientras que en chino la indefinitud está representada gramaticalmente. Dong (2010) sostiene la misma opinión: la estructura "uno + CLF.Num" puede ser considerada como marca de indefinitud.

""'一+量'可以看作不定指的标记。""

Todo esto muestra que el artículo definido del español y el CLF.Num del chino siempre marcan las mismas oposiciones lingüísticas de modos contrarios. Este hecho puede explicar en cierto modo la razón por la que en chino la definitud sigue sin estar marcada, puesto que con la indefinitud marcada, es de esperar que sea innecesaria la gramaticalización completa de la definitud.

2.2.2 Bibliografía complementaria

[1] CRYSTAL D, 2001. International Encyclopedia of the Social and Behavioral Sciences[M]. Amsterdam: Elsevier.

[2] DONG Xiufang, 2010. Diachronic Changes of the Referential Properties of Bare Nouns in Chinese[J]. Studies in language and linguistics, 30(1): 11-20.

[3] HEINE B, 1997. Cognitive Foundations of Grammar[M]. Oxford: Oxford University Press.

[4] LÜ Shuxiang, 2014. Comprendio de la gramática del chino[M]. Beijing: Casa Editorial Comercial.

2.3 Prácticas y ejercicios

Presentación de las diversas teorías lingüísticas
(Adaptación de Escandell et al., 2011: 274)

Como sucede en muchas otras ciencias, especialmente las de tipo social, en lingüística contamos con abundantes modelos teóricos cuyas bases filosóficas son distintas, intentan dar respuesta a diferentes interrogantes, y conciben la realidad lingüística de forma diversa. Será provechoso conocer de manera general esa multiplicidad para entender la lingüística actual. Debido a la limitación del espacio, nos limitaremos a presentar el esquema de las diversas teorías lingüísticas así como las ideas principales de cada marco teórico.

Esquema:
(1) El marco **estructuralista** (结构主义的).
   a. La lengua como sistema.
   b. Signo lingüístico.
   c. Relaciones *in praesentia* y relaciones *in absentia*.
   d. La teoría de la marca.
   e. La categorización binaria.
   f. La dimensión social del lenguaje.
(2) La **Gramática Generativa** (生成语法).
   a. Innatismo y **Gramática Universal** (普遍语法).
   b. Competencia y actuación.
   c. Estructura profunda y superficial.
   d. Lengua-e y lengua-i.
   e. Los principios y los parámetros.
   f. Rección y ligamiento.
   g. Economía, ensamble, numeración y cotejo de rasgos.
(3) El marco **funcionalista** (功能主义的).
   a. La competencia comunicativa.
   b. La lingüística, una capacidad entre otras.
   c. Una motivación semántico-pragmática para las estructuras sintácticas.
(4) Los modelos **cognitivos** (认知的).
   a. Las fronteras difusas.
   b. Prototipos, ejemplares centrales y periféricos.
(5) La **Teoría de la Optimidad** (优选论).

El estructuralismo considera a la lengua como un sistema, o sea un conjunto de elementos solidarios que gozan de diferentes relaciones. En el marco estructuralista se realizan estudios desde un enfoque descriptivo, analizando estructuras y sus respectivas relaciones. Desde el inicio de un análisis estructural se precisan niveles, se demarcan unidades de modo jerárquico y se especifican nociones, empleando una terminología adaptable a sus necesidades.

La Teoría Generativa explica que existe una estructura mental innata que permite comprender y producir cualquier enunciado en cualquier idioma natural que conocemos. Además, esto posibilita que el proceso de adquirir y dominar el lenguaje requiera muy poco procesamiento en el cerebro para ponerse en marcha y se desarrolle casi automáticamente.

El funcionalismo, con su orientación comunicativa, conlleva a unir indisociablemente los aspectos semánticos y pragmáticos a los puramente gramaticales. También comporta una especial atención a los usos sociales, y al entorno cultural. Sin embargo para elaborar esa teoría lingüística se podría descubrir la gramática de una lengua sobre la base de un corpus representativo y garante.

La lingüística cognitiva es una disciplina que trata de dar cuenta del conocimiento lingüístico poniéndolo en relación con otros procesos cognitivos de la mente humana, tales como la percepción, la memoria, la atención, etc. Se trata de un área del saber interdisciplinar en la que confluyen los intereses de varias ramas de saber —fundamentalmente, la lingüística, la psicología, la neurología y la inteligencia artificial—. (Martín, 2008)

La Teoría de Optimidad defiende la existencia de un componente generativo en la lengua, encargado de proporcionar todos los candidatos posibles para formar un mensaje lingüístico. Las salidas del generador tendrán que ser limitadas por una serie de restricciones que determinarán si la forma generada es o no admitida en cada lengua. Finalmente, un mecanismo evaluador decidirá automáticamente, tras la aplicación de esas restricciones, cuál de las opciones es la adecuada en cada lengua.

Aplicación de la lingüística
(Adaptación del capítulo 9 de Escandell et al., 2011 y Martín, 2008)

La lingüística puede encontrar su aplicación en diversas áreas, y contribuir de esta manera a la resolución de problemas planteados en la sociedad. Las principales áreas o disciplinas en que suelen aplicar la lingüística son las siguientes:

(1) Enseñanza de idiomas.
(2) **Lexicografía** (词典编纂学).
(3) Traducción.
(4) **Planificación lingüística** (语言规划).
(5) **Lingüística computacional** (计算语言学).
(6) **Lingüística clínica** (临床语言学).
(7) **Lingüística judicial** (司法语言学).

Las primeras cuatro áreas son las llamadas "tradicionales", en las que numerosos investigadores ya llevan siglos de trabajo. Las últimas tres son las "recientes", que no han surgido hasta la última mitad del siglo XX.

En el ámbito de la lingüística aplicada, ha alcanzado una especial relevancia la enseñanza de idiomas. La didáctica de la lengua es la disciplina que se ocupa de investigar las técnicas o la metodología para desarrollar la competencia lingüística y el conocimiento de la lengua. La lingüística educacional, por su parte, se centra en la confluencia entre lenguaje y educación aplicando los conocimientos actuales de la lingüística a los requisitos y problemas de la educación.

La lexicografía, que consiste en la elaboración de diccionarios, requiere un conocimiento profundo del léxico del lenguaje y de su organización, así como la interacción que se da entre el léxico y otros niveles de la lengua.

Traducir consiste en comunicar los contenidos de un texto o un discurso producido en una lengua por medio de formas equivalentes en otra lengua. La traducción es, por tanto, una actividad lingüística en la que se ponen en práctica conocimientos de dos sistemas lingüísticos diferentes.

La planificación lingüística requiere diseñar e implementar una serie de medidas, desarrolladas por distintas instituciones (gobierno, ministerios, academias de lengua, escuelas, familias, etc.) con el propósito de influir sobre la forma y el uso de una variante lingüística en la sociedad.

La lingüística computacional, como su nombre lo indica, fomenta el desarrollo de las aplicaciones informáticas que utilizan o necesitan procesar el lenguaje natural. La lingüística judicial, ligada al peritaje en los tribunales, pretende identificar la autoría de un texto (escrito u oral) con fines forenses. La lingüística clínica, que aporta soluciones para mejorar los déficits del lenguaje o de la audición, trata de resolver trastornos en el uso del lenguaje que afectan a la voz, a la pronunciación y al lenguaje oral en general.

A medida que se diversifican cada vez más las áreas de aplicación de la lingüística, a finales de la década de 1940 nace la lingüística aplicada como disciplina científica. La lingüística aplicada tiene como meta la aplicación de teorías, métodos y conocimientos propios de la lingüística a la resolución de problemas diversos en los que está implicado el uso de la lengua; en otros términos, se interesa por las aplicaciones de la lingüística en otras áreas de la experiencia humana. Debido a que las esferas que entrañan el uso de la lengua son múltiples y muy variadas, la lingüística aplicada comprende de hecho disciplinas diversas, la mayoría de las cuales se constituyen como campos interdisciplinares del saber.

Cuestionario

(1) ¿Cuáles son los tres ámbitos fundamentales en que se organizan las investigaciones lingüísticas?

(2) ¿Cuáles son los diferentes niveles de análisis con que cuanta la lingüística interna?

(3) ¿Perspectiva sincrónica o diacrónica?

Perspectiva	Objeto o contenido de estudio
	Los cambios lingüísticos producidos a lo largo de la historia.
	El sistema lingüístico en un momento determinado de la historia.
	El proceso de gramaticalización de un elemento lingüístico.
	Comparación de diferentes lenguas de la actualidad.

(4) ¿Cuáles son las áreas o disciplinas en que puede encontrar su aplicación la lingüística?

(5) Con base de la información proporcionada por la sección 2.3 haga una breve presentación sobre la diversidad en la teorización lingüística.

Capítulo 3
La fonética y la fonología (1)[*]

3.1 Conceptos básicos: la fonética
    3.1.1 Fonética articulatoria
    3.1.2 Fonética acústica
    3.1.3 Fonética perceptiva

3.2 Lectura
    3.2.1 Bibliografía básica
    3.2.2 Bibliografía complementaria

3.3 Prácticas y ejercicios

---

[*] La presentación de los términos y conceptos de este capítulo se basa en RAE (2010), RAE (2011) y Escandell et al. (2011).

Un curso de lingüística suele empezar por la fonética y la fonología, ya que en la lingüística moderna la forma hablada de la lengua es considerada más importante que la forma escrita. Muchas lenguas en el mundo solo tienen la representación oral y no cuentan con escritura correspondiente. Aunque tanto la fonética como la fonología desempeñan la tarea de analizar el componente fónico de las lenguas, son ramas científicas con perspectivas distintas: la primera estudia los aspectos físicos del habla, sus componentes sonoros, mientras que la última se ocupa de la estructura de estos componentes. Los elementos de la fonética aparecen entre corchetes ([ ]), mientras que las barras (//) se usan para encerrar las transcripciones fonológicas.

Las relaciones y los límites entre la fonética y la fonología son, a menudo, objeto de polémica. En algunas ocasiones se considera que su separación debe ser radical. En otras, en cambio, creen que deben estar unidas. Aunque el debate sobre esta cuestión no está cerrado, se puede afirmar que la fonética y la fonología son disciplinas complementarias. La fonética proporciona la base empírica necesaria en cualquier trabajo científico. Por su parte, la fonología permite construir generalizaciones de carácter abstracto sobre la base de los fenómenos fonéticos.

3.1 Conceptos básicos: la fonética

La fonética es la disciplina que analiza los mecanismos de la producción, de la transmisión y de la percepción de la señal sonora que constituye el habla. Esta disciplina estudia los sonidos desde tres perspectivas distintas pero interrelacionadas.

En primer lugar, analiza los sonidos desde el punto de vista de los hablantes, es decir, se preocupa por saber la forma de emisión de las voces. En segundo lugar, desde la óptica de los oyentes, o sea, intenta explicar cómo son recibidas estas voces emitidas. Y por último, estudia el proceso de transmisión de sonidos. Estas tres perspectivas permiten clasificar la fonética en la articulatoria, la perceptiva y la acústica.

Figura 3.1 Clasificación de la fonética

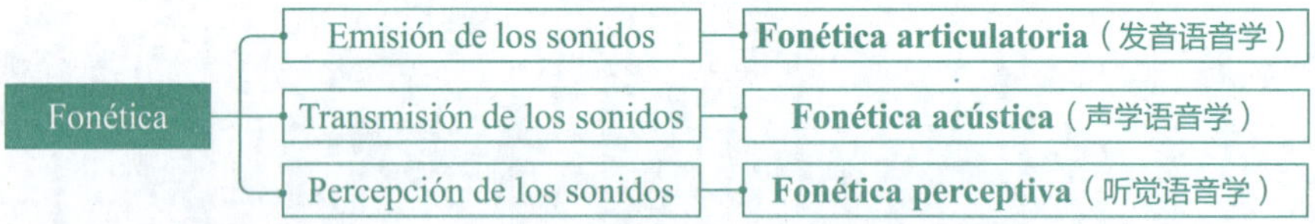

Fonética
- Emisión de los sonidos → **Fonética articulatoria**（发音语音学）
- Transmisión de los sonidos → **Fonética acústica**（声学语音学）
- Percepción de los sonidos → **Fonética perceptiva**（听觉语音学）

Fuente: elaboración propia basada en Escandell (2011: 90).

Las unidades básicas de la fonética son los **sonidos del habla** (音素) o **elementos segmentales** (音段成分). Estas unidades se definen de acuerdo con criterios articulatorios, acústicos y perceptivos. Se representan, por convención, mediante símbolos transcritos entre corchetes ([ ]), por ejemplo, [p], [b], [β] o [ð].

Los **elementos suprasegmentales** (超音段成分) corresponden a elementos fonéticos cuyos efectos repercuten sobre varios segmentos, como la entonación, que comprende todos los sonidos de un enunciado. Los elementos suprasegmentales son el acento, la entonación, el ritmo, la pausa, la velocidad de elocución y la cualidad de voz.

3.1.1 Fonética articulatoria

La fonética articulatoria estudia la producción de los sonidos del habla mediante la acción del aparato fonador y de los órganos articulatorios. En cuanto a la génesis de los sonidos, una vez planificado el mensaje, se dan dos importantes procesos fisiológicos: la **fonación** (发声) y la **articulación** (发音).

La fonación explica cómo se genera la corriente de aire que dará lugar a la onda sonora del lenguaje. El sistema fonador humano puede asimilarse a la combinación de dos instrumentos musicales: uno de viento y otro de cuerda. En el primero, el papel fundamental corresponde a los pulmones, en su fase espiratoria, cuando el aire acumulado sale hacia el exterior por la tráquea. Al llegar a la laringe esta corriente atraviesa las **cuerdas vocales** (声带), y permite su vibración. Las cuerdas vocales son, en realidad, dos pliegues mucosos. En estado de reposo están separados, dejando libre un espacio que nos permite respirar: la **glotis** (声门). Los sonidos emitidos con vibración de las cuerdas vocales son **sonoros** (浊音) mientras que la emisión de los sonidos **sordos** (清音) no conlleva tal vibración.

La articulación es el modo mediante el cual modificamos esa onda generada durante la fonación, a su paso por la nariz y, sobre todo, por la boca, para crear los distintos sonidos de nuestra lengua. La clasificación articulatoria de los sonidos y fonemas atiende a dos elementos:

Lugar de articulación (发音部位): el lugar de la cavidad en el que se articulan y los órganos implicados. Por ejemplo, **bilabial** (双唇音), **labiodental** (唇齿音), **dental** (齿音), **alveolar** (齿龈音), **palatal** (硬腭音), **velar** (软腭音).

Modo de articulación (发音方法): el modo de que se produce la articulación, es decir, los movimientos encontrados en los órganos articulatorios y el comportamiento de la corriente del aire. Por ejemplo, **oclusivo** (塞音), **fricativo** (擦音), **africado** (塞擦音), **nasal** (鼻音), **lateral** (边音), **vibrante** (颤音).

Oclusivo. Se produce un cierre total; el aire es retenido en la cavidad bucal y luego sale bruscamente. Por ejemplo, [p], [t], [k].

Fricativo. Los órganos de articulación se aproximan lo suficiente para producir un estrechamiento en la salida del aire, pero esta no llega a interrumpirse. Por ejemplo, [f], [s], [θ] (ha*z*a), [x] (ho*j*a).

Africado. Se compone de un primer momento oclusivo y otro fricativo. Por ejemplo, [tʃ] (ha*ch*a).

Nasal. La úvula se despega de la pared faríngea, permitiendo que parte del aire fonador salga por la nariz. Por ejemplo, [m], [n], [ɲ] (a*ñ*o).

Lateral. Existe un contacto en la zona central de la boca, pero el aire sigue saliendo por los lados. Por ejemplo, [l].

Vibrante. Se produce un cierre que impide la salida del aire, pero es brevísimo, por ejemplo, vibrante simple [ɾ] (a*r*o); aunque puede repetirse dos o tres veces, vibrante múltiple [r] (hu*rr*a).

Los sonidos del habla se clasifican en **vocales** (元音) y **consonantes** (辅音). Durante la realización de las vocales, el aire sale libremente por el tracto vocal. En cambio, la articulación de las consonantes se caracteriza por la presencia de un obstáculo en la región central del tracto vocal que impide o dificulta la salida del aire. En las siguientes dos tablas se recogen las vocales y las consonantes de la lengua española:

Figura 3.2 Descripción fonológica del español: vocales

	Anterior	Central	Posterior
Alta	i		u
Media	e		o
Baja		a	

Fuente: Gil (2007: 431).

Figura 3.3 Descripción fonológica del español: consonantes

	Bilabiales	Labiodentales	Interdentales	Dentales	Alveolares	Prepalatales	Palatales	Velares
Oclusivas	p, b			t, d			ɟ	k, g
Fricativas		f	θ		s			x
Africadas						tʃ		
Nasales	m				n		ɲ	
Laterales					l		ʎ	
Vibrantes					ɾ/r			

Fuente: Gil (2007: 484).

3.1.2 Fonética acústica

La fonética acústica analiza las características físicas de las ondas sonoras que conforman los sonidos de las lenguas (véase la figura 3.4). La onda sonora se caracteriza mediante tres parámetros: **duración** (音长), **frecuencia** (频率) y **amplitud** (振幅).

Figura 3.4 Representación de una onda sonora

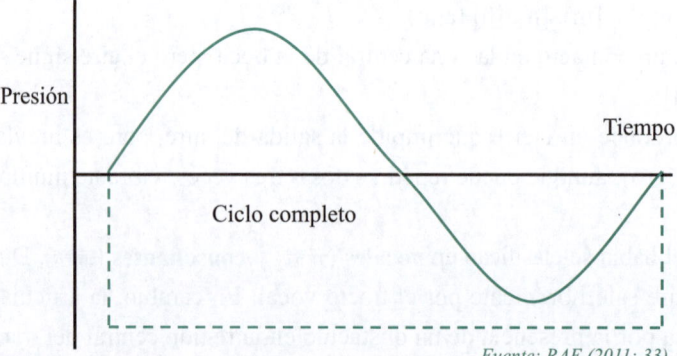

Fuente: RAE (2011: 33).

Duración: depende del tiempo durante el cual se prolonga el movimiento vibratorio. Para medir la duración suele utilizarse el **milisegundo** (ms) (毫秒).

Frecuencia: rapidez del movimiento, es decir, de cuántos movimientos completos o ciclos se realizan durante un tiempo determinado. Se mide en **hercio** (Hz) (赫兹), que equivale a un ciclo por segundo, es decir, a una fase de compresión y una fase de rarefacción que durasen un segundo.

Amplitud: la fuerza del movimiento vibratorio, fruto de las variaciones en la presión ejercida sobre las moléculas de aire. Cuando la presión es fuerte, la amplitud es grande y, al contrario, a una presión débil le corresponde una amplitud pequeña. La unidad empleada para medir la amplitud es el **decibelio** (dB) (分贝), unidad que relaciona la amplitud del movimiento vibratorio con la intensidad del sonido.

3.1.3 Fonética perceptiva

La fonética perceptiva investiga cómo segmentan, procesan e interpretan los hablantes los sonidos que perciben. Desde el punto de vista de la fonética perceptiva, en la percepción de un estímulo acústico existen dos aspectos de naturaleza muy diferente: uno es el físico, que se puede medir objetivamente en todos sus componentes; otro es el psicológico, es decir, el grado de sensación que ese estímulo produce en nosotros; este aspecto sensorial es subjetivo y mucho más difícil de controlar (Quilis, 1999: 137). Además, en los hechos del lenguaje hay que tener en cuenta que la sensación del estímulo físico se canaliza a través de las estructuras de cada lengua. Veamos la siguiente tabla:

Figura 3.5

Dimensión física	Dimensión psicológica
Cantidad	Duración de la persistencia del sonido
Intensidad	Sonía o intensidad subjetiva
Frecuencia fundamental	Tonía, tono o percepción de la altura tonal del sonido
Estructura acústica	Timbre o cualidad del sonido

Fuente: Quilis (1999: 138).

Un estímulo acústico cualquiera contiene cuatro elementos físicos constitutivos: cantidad, intensidad, frecuencia fundamental y estructura formántica de las ondas sonoras. Estos elementos físicos se complementan en un patrón complejo de dimensiones psicológicas. La percepción de los sonidos del lenguaje es un complejo de estas dimensiones y el juicio lingüístico depende de su interacción.

3.2 Lectura

3.2.1 Bibliografía básica

**Pronunciación de las oclusivas españolas
/p/, /t/, /k/ y /b/, /d/, /g/ por parte de hablantes chinos**

(Extracción de Cao, 2007)

La pronunciación de las oclusivas sonoras y sordas en español suele constituir una gran dificultad para los alumnos chinos, ya que en el chino mandarín las oclusivas se organizan por medio del contraste de aspiradas y no aspiradas. Teóricamente, la distinción entre los sonidos sonoros y sordos se debe a la vibración de las cuerdas vocales, la que origina la barra de sonoridad. Sin embargo, en los ejercicios prácticos de las consonantes sordas, como por ejemplo [pa], [te], [cu], los estudiantes también sienten la vibración de las cuerdas vocales, la que proviene de la pronunciación de las vocales [a], [e], [u]. Por lo tanto, no pueden distinguir las sordas de las sonoras en estos ejercicios. Para mejorar el aprendizaje fonético de las oclusivas en español se dan los siguientes consejos prácticos.

(1) Atención al tono de la vocal y la energía articulatoria

Como hemos comentado cuando las cuerdas vocales vibran, se originan los sonidos sonoros, y si no vibran, los sonidos sordos. La diferencia entre las consonantes sordas y las sonoras no reside solo en el comportamiento de las cuerdas, sino también en el tono de la vocal siguiente y en la fuerza o la energía con la que se articulan los labios o la lengua. Lehiste y Peterson (1961) notaron que las consonantes sordas elevan mucho el tono de la vocal siguiente, mientras que las consonantes sonoras favorecen un tono menos elevado. Coinciden con ello el lingüista italiano Bertinetto (1981) con respecto a la fonética italiana, y unos lingüistas chinos con respecto a sus investigaciones sobre las consonantes sonoras del dialecto Wu (Zhang, 2002). La otra diferencia estriba en el esfuerzo muscular de los órganos articulatorios. La cantidad de energía articulatoria es, en condiciones normales, la misma para todos los sonidos articulados; cuando articulamos una consonante sonora, una parte de esta energía va a parar a la laringe para hacer vibrar las cuerdas vocales y el resto se utiliza para la articulación bucal; así, se pronuncia una consonante sorda, toda la energía se concentra en los órganos supraglóticos, por ello, la articulación bucal de las consonantes sordas es más enérgica, y la de las sonoras más débil (Quilis, 1999: 66). Esta diferencia de energía articulatoria tiene como consecuencia que las consonantes sordas sean más cerradas que las sonoras: una [k] tiene una oclusión mayor (más fuerte, y con mayor contacto en sus lugares de articulación) que una [g]; y por ello, las consonantes sordas se llaman fuertes y las sonoras, débiles. Por estas razones, cuando pronunciamos las consonantes sordas se recomienda elevar el tono de la vocal siguiente y articularlas con mayor fuerza; mientras al pronunciar las sonoras bajamos el tono y las articulamos más débilmente. Al principio del aprendizaje es posible pronunciar las consonantes sonoras y las sordas de manera exagerada, destacando sus diferencias. Una vez lograda la distinción clara de estas oclusivas podríamos exigir más la fluidez y la naturalidad.

(2) El inicio de la vibración de las cuerdas vocales

Debido a la ausencia de las oclusivas sonoras en el chino mandarín, muchos estudiantes chinos no pueden articular bien los sonidos sonoros. Para resolver este problema hace falta hacer un análisis más detallado de la vibración de las cuerdas vocales (véase la figura 3.6).

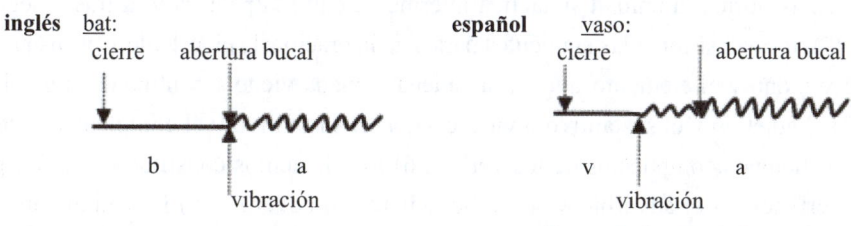

Figura 3.6 Comparación de la vibración de las cuerdas vocales de las consonantes sonoras entre inglés y español

Fuente: Quilis y Fernández (1999: 85).

Mediante la comparación se hace evidente que al pronunciar una oclusiva sonora en inglés, las cuerdas vocales no vibran hasta tener la abertura bucal mientras en español el inicio de la vibración es más temprano. Por tanto, en los ejercicios de la fonética española se recomienda fijarse en el inicio de la vibración y en que al articular las sonoras iniciales vibran las cuerdas vocales antes de abrir la boca.

(3) Hincapié en la pronunciación de los alófonos fricativos

Como [β], [ð], [γ] son tres articulaciones particularmente características de la lengua española, en la enseñanza fonética debemos hacer hincapié en la pronunciación de los alófonos fricativos fijándonos en los siguientes dos puntos. Primero, cuando una oclusiva sonora se encuentra entre dos vocales, se produce como una fricativa: vocal + oclusiva sonora + vocal ⟶ vocal + *fricativa* sonora + vocal, y la fricación tiene que ver con la abertura bucal de las vocales (figura 3.7).

Figura 3.7 Abertura bucal de las vocales

	Anterior	Central	Posterior
Abertura mínima	i		u
	e		o
Abertura máxima		a	

Fuente: Gil (2007: 431).

La fricación es más fuerte cuando las vocales son más abiertas, ya que el estrechamiento del canal bucal que conlleva la emisión de los sonidos fricativos es más notable. Por ejemplo en la palabra "agra*d*able", la oclusiva sonora [d] está situada entre dos vocales [a], la más abierta entre todas, por eso en este caso la fricación es muy notable, la pronunciación de la palabra es [aɣraðáβle]. De la misma manera podemos concluir que la fricación es menos notable cuando una oclusiva sonora se sitúa entre la [i] y la [u] (abertura mínima), por ejemplo la "g" [ɣ] en la palabra "*i*gual".

Segundo, debido a que las palabras que constituyen un sirrema permanecen siempre íntimamente unidas, muchas oclusivas sonoras se realizan como fricativas a pesar de que se encuentran en la posición inicial de una palabra. Recibe el nombre de sirrema la agrupación de dos o más palabras que constituyen una unidad gramatical, unidad tonal, unidad de sentido, y que, además, forma la unidad sintáctica intermedia entre la palabra y la frase. Según Quilis (1999: 143), forman sirrema las siguientes partes de la oración:1) el artículo y el sustantivo, 2) el pronombre átono y el elemento que en la cadena hablada viene a continuación de él o al que se une, 3) el adjetivo y el sustantivo o viceversa, 4) el sustantivo y el complemento determinativo, 5) los tiempos compuestos de los verbos, 6) los elementos constitutivos de las perífrasis o frases verbales, 7) el adverbio y su verbo, adjetivo o adverbio, 8) la conjunción y la parte del discurso que introduce, 9) la preposición con su término. Por ejemplo, "ese bote" forman sirrema, la palabra "ese" y la palabra "bote" están íntimamente unidas, su pronunciación es [ése βóte]. Al pronunciar estas dos palabras no se permite la realización de una pausa en su interior, y además en este caso la /b/ está situada entre dos vocales [e] y [o]; así, al pronunciar se toma su forma fricativa:[β]. Por otra parte, se recomienda escoger sirremas adecuados para practicar las fricativas [β], [ð], [ɣ], por ejemplo, en lugar de pronunciar las palabras "*d*an, *d*ocena, *d*ifícil" separadamente, podemos ponerlas en los sirremas "se *d*an, una *d*ocena, nada *d*ifícil" para la práctica.

3.2.2 Bibliografía complementaria

[1] LU Jingsheng, 1991. Comparación entre la fonética china y española[J]. Lenguas extranjeras(6): 58-61.

[2] MARÍN R, 1995. La duración vocálica en español[J]. Elua(10): 213-226.

[3] MIAO Jianhua, 2006. Análisis de problemas de pronunciación y escritura a través de los errores del dictado[G]//Departamento de Español de la Universidad de Estudios Extranjeros de Beijing. Actas del simposio internacional de hispanistas de Beijing. Beijing: Editorial de Enseñanza e Investigación de Lenguas Extranjeras: 421-426.

[4] XIANG Ning, 2012. Estudio experimental sobre la duración vocálica en el chino mandarín[J]. Revista académica de Jinan(164): 124-129.

3.3 Prácticas y ejercicios

Transcripción fonética

La **transcripción fonética** (标音) es un sistema de notación escrita de los sonidos del habla cuyo objetivo es representar siempre un mismo sonido con idénticos símbolo, de forma que se eviten las ambigüedades existentes en los sistemas habituales de escritura. La primera versión del **alfabeto fonético internacional (AFI)** (国际音标) fue publicada en 1886 por la Asociación de Fonética Internacional. En la tradición filológica hispánica, ha sido frecuente el empleo de un sistema propio de transcripción, conocido como **alfabeto fonético de la *Revista de Filología Española* (ARFE)** (西班牙语语言文学期刊音标) por haber sido publicado en el segundo número de esta revista, en 1915. En los estudios actuales, sin embargo, es general el uso del alfabeto fonético internacional.

El alfabeto fonético internacional está constituido por una serie de **caracteres alfabéticos** (音标) (véase la figura 3.9[1]), a los que se suman un conjunto de **diacríticos** (变音符号) (véase la figura 3.10), signos que colocados encima, debajo o a la derecha de los alfabéticos les confieren un valor especial. Ambos tipos de elementos se combinan para reflejar las características del sonido mediante la representación escrita. Por ejemplo, [pʰ]. En este caso, "p" es el carácter alfabético mientras que el signo colocado encima "h" es el diacrítico, que representa la aspiración.

Figura 3.8 Formación del alfabeto fonético internacional

Fuente: elaboración propia basada en RAE (2011: 45).

Figura 3.9 Caracteres alfabéticos usuales en español

AFI	Ejemplos	AFI	Ejemplos
a	amigo	f	fama; fatal; café
e	emitir	θ	cielo; azada
i	dimitir; mío; y	t	ata; átomo
o	boscoso	d	dada; cuando; dedo
u	cucurucho; dúo	s	saco; asa
p	capa; pozo; topo	n	nido; anillo; ana; sin
b	haba; embuste; vaca	l	lino; ala; principal
m	ama; madre; comer	r	rana; parra
ɾ	para; caro	ʎ	llavero; pollo

---

1 Caracteres alfabéticos usuales en español.

tabla continua

AFI	Ejemplos	AFI	Ejemplos
tʃ	**ch**ubasco; ha**ch**a	k	a**c**á; la**c**a; **qu**e; **k**ilo
j	a**y**uno; po**y**o	g	**g**ato; len**g**ua; **gu**erra
ɲ	a**ñ**ada; ca**ñ**ón	x	**j**amón; e**j**e; relo**j**; **g**itano; Mé**x**ico

Fuente: elaboración propia basada en Gil (2007:484).

Figura 3.10 Diacríticos

̥ Ensordecida	n̥ d̥	̈ Voz espirada	b̤ a̤	̪ Dental	t̪ d̪
̬ Sonorizada	s̬ t̬	̰ Voz rota	b̰ a̰	̺ Apical	t̺ d̺
ʰ Aspirada	tʰ dʰ	̼ Linguolabial	t̼ d̼	̻ Laminal	d̻
̹ Más redondeada	ɔ̹	ʷ Labializada	tʷ dʷ	̃ Nasalizada	ẽ
̜ Menos redondeada	ɔ̜	ʲ Palatalizada	tʲ dʲ	ⁿ Nasalizada	dⁿ
̟ Adelantada	u̟	ˠ Velarizada	tˠ dˠ	ˡ Lateralizada	dˡ
̠ Retraída	e̠	ˁ Faringizada	tˁ dˁ	̚ Explosión no audible	d̚
̈ Centralizada	ë	̴ Velarizada o Faringizada	ɫ		
̽ Semicentralizada	ě	̝ Alta	e̝		
̍ Silábica	n̩	̞ Baja	e̞		
̯ No silábica	e̯	̘ Raíz lingual avanzada	e̘		
˞ Con roticidad	ɚ	̙ Raíz lingual retraída	e̙		

Fuente: RAE (2011: 45).

Análisis de la grabación

Las grabaciones pueden servir para la recogida de una muestra de habla espontánea. Para el estudio fonético y fonológico, la grabación puede ser una lectura de oraciones o fragmentos de texto seleccionados previamente, la repetición de una lista de palabras u oraciones, etc. Las grabaciones se deben realizar de acuerdo con una planificación previa y en función de ello se deberá seleccionar o diseñar el material adecuado.

La situación ideal desde el punto de vista de la técnica es hacer las grabaciones en el laboratorio para evitar ruido ambiental. Sin embargo, esta práctica resta espontaneidad a la muestra y solo se realiza para investigaciones fonéticas; en cualquier caso se recomienda hacerlas en lugares sin demasiado ruido de fondo.

Normalmente las grabaciones se realizan de forma individual, a un único sujeto. Cuando lo que interesa grabar son conversaciones, por razones sociolingüísticas o pragmáticas, donde un grupo de personas interactúan, a la hora de analizarlas habrá que tener en cuenta la superposición y el solapamiento de voces, hecho característico de las conversaciones espontáneas.

En este tipo de grabaciones pueden ser relevante además del tono de voz, las vacilaciones, la intensidad, etc. Es importante además hacer copias de seguridad en diferentes ordenadores o soportes. En este sentido, también hay que tener en cuenta el tratamiento de los datos en su vertiente digital para poder trabajar con determinados programas de análisis de voz.

Tras la realización de cualquier tipo de grabación, si se trabaja con muestras de lengua oral es necesario hacer transcripciones de los datos para poder analizarlos posteriormente. Hay diferentes tipos de transcripciones: si al investigador le interesa analizar la parte sintáctica o discursiva basta con una transcripción ortográfica, si por el contrario lo que le interesa es estudiar el aspecto fonético-fonológico de la lengua, entonces será necesario realizar una transcripción fonética. Para realizar estas transcripciones se suele utilizar el alfabeto fonético internacional.

Cuestionario

(1) Proponga ejemplos para cada uno de los modos y lugares de articulación que siguen.
Oclusiva, bilabial:
Africada, prepalatal:
Fricativa, labiodental:
Lateral, alveolar:
Nasal, bilabial:
Vibrante, alveolar:

(2) Realice una pequeña comparación del sistema vocálico entre español y chino, y haga un resumen de las similitudes y diferencias.

(3) Transcriba los siguientes versos utilizando un transcriptor fonético automático del español.
Me gustas cuando callas porque estás como ausente,
y me oyes desde lejos, y mi voz no te toca.
Parece que los ojos se te hubieran volado
y parece que un beso te cerrara la boca.

Como todas las cosas están llenas de mi alma
emerges de las cosas, llena del alma mía.
Mariposa de sueño, te pareces a mi alma,
y te pareces a la palabra melancolía.

(4) Grabe una exposición oral en español de su compañero y localice sus problemas de pronunciación.

Capítulo 4
La fonética y la fonología (2)[*]

4.1 Conceptos básicos: la fonología
    4.1.1 Elementos segmentales
    4.1.2 Elementos suprasegmentales
    4.1.3 Rasgos distintivos

4.2 Lectura
    4.2.1 Bibliografía básica
    4.2.2 Bibliografía complementaria

4.3 Prácticas y ejercicios

---

[*] La presentación de los términos y conceptos de este capítulo se basa en RAE (2011), Gil (2007) y Escandell et al. (2011).

Hemos conocido los conceptos básicos de fonética y ahora llega el momento de entender en qué estriba la otra disciplina mutuamente complementaria, la fonología. Si la fonética se ocupa de las bases acústicas y fisiológicas del habla, la fonología se interesa por la organización lingüística de los sonidos en las distintas lenguas. Dicho en otros términos, los fonólogos estudian cómo se comportan los sonidos en cada idioma, cómo se estructuran de acuerdo con esquemas abstractos de organización que varían de lengua a lengua, y cómo los niños y los adultos aprenden y llegan a dominar esos esquemas cuando adquieren la lengua en cuestión. (Gil, 2007: 70)

En palabras resumidas, la fonética estudia los sonidos de las lenguas mientras que la fonología investiga su organización lingüística. La fonética maneja sonidos, y la fonología, **fonemas** (音位). Los fonetistas emplean habitualmente el método experimental mientras que la fonología se sirve de la **conmutación** (替換) para precisar cuáles son los elementos contrastivos en una lengua. (Gil, 2007: 88) La conmutación es un proceso mediante el cual un sonido se sustituye por otro a fin de comprobar su valor distintivo y por ende, su carácter fonológico.

4.1 Conceptos básicos: la fonología

Los sonidos que producen los músicos no son aleatorios, sino que están organizados típicamente en tono y melodías. De igual forma, los sonidos de las lenguas obedecen a ciertos principios y están estructurados de un modo determinado. Dicho con otras palabras, lo que llega a nuestro oído puede ser el sonido de la trompeta o el redoble de un tambor, pero lo que percibimos (y de lo que disfrutamos) es la melodía de la que tales sonidos forman parte. La melodía (que puede pautarse) es un patrón abstracto: abstracto cuando menos porque no podemos oírla toda de una sola vez, sino que la vamos reteniendo mentalmente a medida que la música va sonando. Sin esa pauta (escrita o mental) no habría melodía, ni por lo tanto podría hablarse de música, sino solo de sonidos desordenados. De una manera similar, los sonidos que producimos en la lengua obedecen una pauta abstracta. El papel de la fonología es descubrir la entidad de ese patrón y las propiedades que lo gobiernan. (Roca, 2003: 636) La unidad básica de la fonología es el fonema, también denominados segmentos, por oposición a las unidades fonológicas que caracterizan a más de un fonema: los suprasegmentos.

4.1.1 Elementos segmentales

El fonema es la unidad lingüística más pequeña con capacidad para diferenciar significados. Los fonemas o segmentos contrastivos se identifican con las categorías abstractas que constituyen los sistemas fonológicos de las lenguas naturales. La fonología suele recurrir al concepto de **par mínimo** (最小对立体) para ilustrar la capacidad que poseen los segmentos contrastivos para distinguir significados. Un par mínimo está constituido por dos palabras que difieren solo por un segmento fonológico situado en idéntico contexto. Así, por ejemplo, son pares mínimos propios de la lengua española las voces *peso* y *beso* o *tos* y *dos*. Las palabras del primer par mínimo se diferencian por los sonidos [p] y [b]; las del último por [t] y [d]. Dado que en todos los casos se produce una diferencia de significado, se puede considerar que estos segmentos son realizaciones de los fonemas /p/, /b/, /t/, /d/.

4.1.2 Elementos suprasegmentales

Los elementos suprasegmentales son las variaciones de intensidad, tono, cualidad de voz y ritmo que se producen durante la realización de un enunciado y que caracterizan toda la secuencia de segmentos que lo constituye o una parte de ella. La acción de los elementos suprasegmentales permite al hablante percibir que algunas secuencias de sonidos han sido emitidas con más fuerza, con mayor rapidez o con un tono de voz más agudo, así como identificar distintos patrones rítmicos en el enunciado.

Desde el punto de vista fonológico, los elementos suprasegmentales o prosódicos del español son la **sílaba** (音节), el **acento** (重音) y la **entonación** (音调).

El acento es una sensación perceptiva que pone de relieve una sílaba sobre el resto de las sílabas de la palabra. El acento, como rasgo suprasegmental, se asocia siempre a una sílaba y se puede caracterizar como el mayor grado de prominencia con el que se pronuncia una sílaba determinada con respecto al grupo acentual del que forma parte. El acento, por tanto, determina el contraste entre **sílabas fuertes o tónicas** (重读音节) y **sílabas débiles o átonas** (非重读音节). Fonológicamente, el acento permite distinguir palabras mediante la oposición entre sílabas acentuadas e inacentuadas, como en cantara/cantará o límite/limité.

La entonación es la sensación perceptiva que producen, fundamentalmente, las variaciones de tono a lo largo de un enunciado. La entonación tiene tres funciones básicas en el lenguaje: segmentar, resaltar y dar continuidad prosódica al discurso. Quilis (1999) las resume así:

Lingüísticamente, a) distingue enunciados (*lo sabía* frente a *¿lo sabía?* o *¡lo sabía!*); b) integra las palabras en unidades comunicativas mayores, y c) delimita enunciados (*dos por tres más cuatro* puede dar como resultado 10 o 14, en función del patrón entonativo que apliquemos a la secuencia).

Socialmente, a) transmite informaciones sobre el individuo, como edad, sexo..., b) indica características sobre el grupo al que pertenece: dialecto nivel sociocultural.

Individualmente, es el vehículo esencial para la dimensión afectiva del lenguaje: énfasis, cortesía, mandato, confirmación, exclamación, y una casi infinita gama de emociones.

4.1.3 Rasgos distintivos

Los fonemas son unidades complejas que están constituidas por elementos más simples denominados **rasgos distintivos** (区别性特征). Un rasgo distintivo puede definirse como cada uno de los elementos constitutivos de un segmento cuya modificación puede dar lugar a un contraste significativo. Por ejemplo, en el caso de *peso* y *beso,* el segmento /p/ se define mediante los siguientes rasgos:

$$\left|\begin{array}{l}+ \text{consonante} \\ - \text{sonante} \\ - \text{continuo} \\ - \text{sonoro} \\ - \text{redondeado}\end{array}\right|$$

En cambio, el segmento /b/ se define mediante estos otros rasgos:

$$\left|\begin{array}{l}+ \text{consonante} \\ - \text{sonante} \\ - \text{continuo} \\ + \text{sonoro} \\ - \text{redondeado}\end{array}\right|$$

El contraste entre las dos palabras se produce porque las consonantes /p/ y /b/ difieren en una sola característica, el valor del rasgo distintivo relativo a la sonoridad, cuya modificación provoca la variación de significado. La fonología actual se basa en el concepto de rasgo distintivo.

4.2 Lectura

4.2.1 Bibliografía básica

Diferencia entre el fonema y el sonido
(Adaptación de Cao, 2007)

La mayor diferencia entre el fonema y el sonido consiste en que el primero posee la capacidad distintiva mientras que el último no es capaz de diferenciar significados. Dicho de otra manera, la fonética estudia todos los sonidos del habla mientras que la fonología se ocupa fundamentalmente de aquellos que conllevan distintividad. (Gil, 2007: 71)

A continuación, ilustraremos la diferencia entre el fonema y el sonido con el caso del español y el chino mandarín. Para proceder a la identificación de los fonemas de una lengua es necesario emplear el procedimiento de la conmutación sucesiva, es decir, sustituir cada uno de los fonemas de una palabra por otros con el fin de encontrar diferencias en su significado. Por ejemplo, en español no es lo mismo una *casa* que una *pasa*. El enorme cambio de significado que se produce ante un mínimo cambio fónico es la muestra de que /k/ y /p/ son dos fonemas en esta lengua.

La relación que existe entre dos fonemas conmutables recibe el nombre de oposición. Las seis consonantes oclusivas españolas constituyen tres parejas de la oposición sonora-sorda:/b/-/p/;/d/-/t/;/g/-/k/. En chino mandarín los seis fonemas oclusivos son sordos, organizados en tres parejas de un **sonido aspirado** (吐气音) en contraste con uno no aspirado. El sonido aspirado es un sonido consonántico a cuya articulación sucede un breve escape de aire que retrasa el comienzo de la subsiguiente vibración de las cuerdas vocales. Por ejemplo, 跑[pʻao]/饱[pao]. De este modo, la distinción entre los fonemas sordos y sonoros no tiene mucha importancia funcional en chino, pero sí en español. Por ejemplo: p/b: par/bar; t/d: tos/dos; k/g: casa/gasa. Las dos palabras de cada grupo tienen distintos significados diferenciándose solo por el rasgo de sonoridad, que es el que crea la oposición.

Un fonema puede tener diferentes realizaciones fonéticas de acuerdo con el contexto en que se halle situado. Estos sonidos nuevos que resultan reciben el nombre de **alófonos** (音位变体). Estas realizaciones, o sea, los alófonos, no afectan el significado de las palabras, y por lo tanto, son sonidos y no constituyen fonemas. Por ejemplo, los alófonos fricativos constituyen una característica importante de la pronunciación española. Resumimos los alófonos de las oclusivas sonoras /b, d, g/ en la siguiente figura (Quilis y Fernández, 1999: 82):

Figura 4.1

Fonemas	Alófonos
/b/	[b] [úm bóte] un bote
	[β] [ése βóte] ese bote
/d/	[d] [ún déðo] un dedo
	[ð] [ése ðéðo] ese dedo
/g/	[g] [úŋ gáto] un gato
	[γ] [ése γáto] ese gato

Fuente: Quilis y Fernández (1999: 82).

[β], [ð], [γ] son alófonos fricativos de [b], [d], [g]. Durante la emisión de los sonidos fricativos se produce un estrechamiento del canal bucal sin que se llegue al cierre completo de los órganos articulatorios que intervienen en su formación. Aunque las fricativas son muy frecuentes en español, su pronunciación imperfecta no afecta la distinción de las palabras, ya que son sonidos que no cuentan con la capacidad distintiva. Dicho de otro modo, la pronunciación imperfecta de los alófonos fricativos de [b], [d], [g] solo afecta la naturalidad del habla y ejerce muy poca influencia sobre la diferenciación de las palabras que contienen las oclusivas sonoras.

Algunas voces en español que se distinguen solamente por la presencia o ausencia de acento
(Adaptación de RAE, 2011: 363)

En la lengua española existen algunas palabras que se distinguen solamente por la presencia o ausencia de acento. Veamos los siguientes ejemplos:

Figura 4.2

Palabras acentuadas	Palabras inacentuadas
<u>sobre</u> (sustantivo y verbo *sobrar*)	sobre (preposición)
<u>bajo</u> (adjetivo y verbo bajar)	bajo (preposición)
<u>luego</u> (adverbio)	luego (conjunción)
<u>él</u> (pronombre)	el (artículo)

Fuente: RAE (2011: 363).

He aquí algunos ejemplos de estos pares. La forma con subrayado continuo corresponde a la palabra acentuada, mientras que la forma con subrayado discontinuo ejemplifica la palabra inacentuada:

Espero a que Tierna se retire para abrir el <u>sobre</u>. Me gusta la escritura negra sobre un papel rugoso (Serrano, M., *Vida*); Todo lo que sobre de los gastos del entierro lo repartiré entre vosotras (Torrente Ballester, *Filomeno*); —¿Quiere verme a mí? —Sí, pues, a usted quiere verlo, señor. —Bueno, dígale que ya <u>bajo</u> (Bayly, *Dias*); No era alto ni bajo, ni gordo ni delgado; más bien, común (Flores, *Siguamonta*); Caminé bajo la lluvia y el viento, y me sentí solo, muy solo (Ramos Escobar, *Olor*); Nos saludó con un balbuceo, nos ofreció agua y jugo de naranja; luego desapareció (Paz Soldán, *Materia*); Si la rueda grande, a, tiene 70 dientes, para que pase un diente hay que dar una vuelta a la manivela. <u>Luego</u> para que la rueda grande dé una vuelta completa habrá que dar 70 vueltas a la manivela (*Tecnología*); <u>El</u> escándalo para él sería mayúsculo si se sabe que no hizo nada por salvar la vida de su única hija (Jaramillo Levi, *Tiempo*).

4.2.2 Bibliografía complementaria

[1] CAO Yufei, 2013. La pronunciación del chino para hispanohablantes. Análisis contrastivo de los rasgos prosódicos distintivos entre chino y español[J]. México y la Cuenca del Pacífico(47): 89-96.

[2] GIL J, 2000. Panorama de la fonología española actual[M]. Madrid: Arco/Libros.

[3] HALL T, 2001. Distinctive Feature Theory[M]. Berlín: Mouton de Gruyter.

[4] ROCA I, JOHNSON W, 1999. A Course in Phonology[M]. Oxford: Blackwell.

4.3 Prácticas y ejercicios

Comparación de los rasgos suprasegmentales distintivos entre español y chino
(Adaptación de Cao, 2013)

A continuación haremos una comparación de los rasgos suprasegmentales o prosódicos distintivos entre español y chino para localizar las principales diferencias. Los tres tipos de rasgos prosódicos distintivos (frecuencia fundamental, intensidad, cantidad) también se encuentran en la dimensión física de la percepción de un estímulo acústico, y por lo tanto, son elementos fonológicos de mayor importancia tanto acústicamente como en el aspecto auditivo. En primer lugar, comparemos los primeros dos rasgos prosódicos distintivos (frecuencia fundamental o tono, intensidad o fuerza) de las dos lenguas tratadas. El chino es una lengua tonal; mientras que en español es el acento (intensidad de la voz) el que desempeña la función de la diferenciación del significado.

Veamos primero los cuatro tonos en chino. El tono es la variación de la altura musical, especialmente el ascenso y el descenso. En el chino mandarín hay cuatro tonos: primer tono "ˉ" (alto y sostenido), segundo tono "´" (ascendente de medio a alto), tercer tono "ˇ" (descendente y ascendente) y cuarto tono "`" (descendente de alto a bajo). La diferencia en el tono determina el significado. Por ejemplo, 妈 (mā): madre; 麻 (má): cáñamo; 马 (mǎ): caballo; 骂 (mà): regañar. En el ejemplo citado, la única diferencia de las cuatro palabras monosilábicas estriba en el tono. Hay que resaltar que la altura musical del tono chino es una altura relativa, que no se refiere a la altura absoluta del volumen de la voz de una persona (Por ejemplo, "Háblame en un tono más alto, porque soy un poco sordo."). La altura musical relativa consiste en la forma de la variación de la altura musical y la amplitud del ascenso y descenso.

El español no es una lengua tonal. En esta lengua, el que desempeña la función de la diferenciación del significado en el nivel prosódico es el acento, que permite poner de relieve una unidad lingüística superior al fonema (sílaba, morfema, palabra, sintagma, frase) para diferenciarla de otras unidades lingüísticas del mismo nivel. Existen dos tipos de acento: acento fijo y acento libre. Por ejemplo, en turco, que es una lengua de acento fijo, el acento recae siempre sobre la última sílaba. El español es una lengua de acento libre. Eso quiere decir que el acento puede ocupar distintas posiciones.

El acento desempeña en la lengua española tres funciones: a) la función contrastiva entre sílabas acentuadas e inacentuadas; b) la función distintiva se realiza en el eje paradigmático en las lenguas de acento libre. Su cambio de situación sirve para distinguir dos unidades de significado diferente. Por ejemplo, paso/pasó; término/termino/terminó; y c) la función culminativa, en las lenguas de acento libre señala la presencia de una unidad acentual, sin indicar exactamente los límites.

En cuanto al tercer rasgo prosódico distintivo, hay que apuntar que tanto en chino como en español, la cantidad o duración solo desempeña la función de la diferenciación del significado en muy pocas ocasiones. Por ejemplo, le/lee. Sin embargo, una gran diferencia entre las dos lenguas en este aspecto consiste en que la duración vocálica inherente en español es más breve. Según Marín (1995), los valores medios de la duración de las vocales en español son entre 60,66 ms y 69,63 ms; mientras que en chino los mismos valores son entre 139,25 ms y 181,75 ms (Xiang, 2012). Por ejemplo, el valor medio de la duración inherente de [a] en chino es de 172,75 ms (Xiang, 2012); mientras que la de [a] en español es de 69,63 ms (Marín, 1995). Por lo tanto, la articulación de "māma" (madre en chino) es mucho más larga que "mamá".

Enseñanza de la pronunciación del chino a alumnos hispanohablantes
(Extracción de Cao, 2013)

Los cuatro tonos en chino hacen que esta lengua suene un poco cantarina, pero agradable para el oído. Como en español no hay tono, en muchas ocasiones los alumnos hispanohablantes no pueden pronunciar los tonos correctamente ni distinguirlos. Por ejemplo, confunden mucho los siguientes pares de palabras: camarada: 同志 (tóngzhì)/dominar: 统治 (tǒngzhì); esfuerzo: 努力 (nǔlì)/esclavo: 奴隶 (núlì); honesto: 正直 (zhèngzhí)/política: 政治 (zhèngzhì); comprar: 买 (mǎi)/vender: 卖 (mài). Otro problema que suelen tener los hispanohablantes es pronunciar el chino demasiado rápido, ya que se han acostumbrado al sistema fonético de español, que cuenta con una duración vocálica relativamente breve. Para mejorar la enseñanza fonética del chino a hispanohablantes, proponemos los siguientes consejos prácticos:

Primero, al principio del aprendizaje se recomienda pronunciar los tonos de manera exagerada, destacando sus diferencias. Una vez lograda la distinción clara de los tonos les podríamos exigir más la naturalidad de la pronunciación o realización fonética.

En segundo lugar, no tienen que confundir el tono en chino con el acento en español. El primero es la variación de la altura musical, mientras que el segundo implica una pronunciación más fuerte o de mayor intensidad de una sílaba en una palabra.

En tercer lugar, hay que prestar atención a los siguientes detalles:

Signo tónico: el signo tónico se coloca sobre la principal (la más fuerte) de la sílaba. Por ejemplo, en *o* de 同 (*tong*) cae el segundo tono: tóng.

Tono ligero: algunas sílabas, cuando se ponen después de las otras, pierden su propio tono y se pronuncian breves y débiles, dando lugar a lo que se denomina tono ligero. El tono ligero no lleva ningún signo tónico.

Cambio de tono: los tonos de varias sílabas pronunciadas en sucesión son, a veces, diferentes de los de las sílabas pronunciadas por separado. Por ejemplo, cuando un tercer tono precede a otro igual, el primero de ellos se convierte en tono segundo: nǐ + hǎo ⟶ ní hǎo.

Cuando un tercer tono precede a un tono primero, segundo, cuarto y a la mayoría de los tonos ligeros, se convierte en un semitercer tono, es decir solo se pronuncia su primera mitad del tono original (tono descendente): lǎo + shī ⟶ lǎoshī (semitercer tono). Cuando "bù" (no) precede al cuarto tono, se convierte en el segundo tono: bù + shì ⟶ bú shì. Se debe poner el signo tónico original de la sílaba en la escritura cuando hay cambios de tono en la pronunciación.

Por último, hay que tener en cuenta que la duración vocálica en chino es más larga. Por lo tanto, al aprender a hablar chino, los estudiantes procedentes de los países hispanohablantes deben alargar la pronunciación de las vocales, tratando de articular con mayor claridad cada sílaba.

Cuestionario

(1) Rellene los espacios en blanco con los términos de la fonética y la fonología. (Adaptación de Gil, 2007: 89)

- Los sonidos que contrastan significativamente en una lengua se han denominado _____.

- Los fonemas no se realizan en el habla siempre del mismo modo: cada variante de un fonema dependiente del contexto se conoce como _____.

- Los fonemas deben ir siempre transcritos entre _____; los sonidos, entre _____.

- Las propiedades fonológicas mediante las cuales se caracterizan y se distinguen entre sí los fonemas son los _____ _____.

(2) Rellene la siguiente tabla acerca de la fonética y la fonología.

	Fonética	Fonología
Objeto de estudio		
Unidad básica		
Método de estudio		

(3) Localice en las siguientes palabras los fonemas de acuerdo con su definición. (Adaptación de Escandell, 2011: 109)

En la lengua cashinaua, hablada en Perú y Brasil, encontramos las siguientes palabras. Favor de localizar los fonemas hallados.

[tapa] "piso"　　　　　　[taβa] "tabla de lavar"　　　　[tawa] "caña de azúcar"
[tama] "cacahuete"　　　[taka] "hígado"　　　　　　　[baka] "pescado"

(4) Realice una pequeña comparación del acento en español y el tono en chino, y enumere las principales diferencias.

El acento en español	El tono en chino

Principales diferencias: _____

_____

_____

_____

Capítulo 5
La morfología (1)*

    5.1 Conceptos básicos: la morfología flexiva
          5.1.1 Morfemas en español
          5.1.2 Morfemas en chino
          5.1.3 Morfología sincrónica y diacrónica

    5.2 Lectura
          5.2.1 Bibliografía básica
          5.2.2 Bibliografía complementaria

    5.3 Prácticas y ejercicios

---

* La presentación de los términos y conceptos de este capítulo se basa en RAE (2010) y Escandell et al. (2011).

En su sentido más estricto, la gramática estudia la estructura de las palabras, las formas en que estas se enlazan y los significados a los que tales combinaciones dan lugar. En este sentido, la gramática comprende la morfología y la sintaxis. La morfología, que se ocupa de analizar la estructura de las palabras, las variantes que estas presentan y el papel gramatical que desempeña cada segmento en relación con los demás elementos que las componen, es lo que vamos a estudiar en los capítulos cinco y seis.

Figura 5.1 Clasificación de la morfología

Fuente: elaboración propia basada en RAE (2010: 6).

La morfología constituye uno de los niveles de análisis de la estructura constitutiva de los sistemas lingüísticos. Se suele dividir en dos grandes ramas: la morfología flexiva y la morfología léxica (Véase Figura 5.1). En este capítulo vamos a presentar la morfología flexiva, mientras que en el sexto capítulo, la morfología léxica.

5.1 Conceptos básicos: la morfología flexiva

La morfología flexiva estudia las variaciones de las palabras que implican cambios de contenido de naturaleza gramatical con consecuencias en las relaciones sintácticas, como por ejemplo, en la concordancia.

5.1.1 Morfemas en español

Los segmentos de la morfología son los morfemas (como los de des-orienta-ción), que se agrupan en palabras (desorientación, orientación, desorientado). A su vez, la palabra constituye la unidad máxima de la morfología y la unidad mínima de la sintaxis.

El morfema es la mínima unidad lingüística que tiene significado. Podría decirse que un morfema representa el átomo (la unidad más pequeña e indivisible) del signo lingüístico. Obviamente, se pueden identificar elementos menores (los fonemas), pero estos ya no poseen significado y no son, por lo tanto signos lingüísticos.

Algunas palabras están formadas por un único morfema, como *casa*, *mujer*, *desde*. En este caso, palabra y morfema coinciden, y se habla, entonces, de **morfemas libres** (自由语素).

Una palabra formada por más de un morfema es una palabra compleja. Por ejemplo, des-orienta-ción, des-glob-al-iza-ción, casa-s, mujer-es, etc. En los últimos dos ejemplos, se puede identificar los morfemas que indican la pluralidad en español: -s y -es. Estos morfemas no pueden utilizarse de manera independiente: se dice, entonces, que es un **morfema ligado** (黏着语素).

Como muestran en los ejemplos arriba citados, en la lengua española, el plural se indica por medio de dos formas: -s y -es. Se trata, en efecto, de formas diferentes que expresan un mismo contenido, la pluralidad, de modo que son variantes del mismo morfema y reciben el nombre de **alomorfos** (语素变体).

Los ejemplos anteriores permiten ilustrar también una distinción más, que tiene que ver con el tipo de significado que aportan los morfemas: cuando su contenido es de tipo conceptual se denominan **morfemas léxicos** (词汇语素), como por ejemplo, -orienta, -glob. Cuando es de tipo más abstracto ("proceso contrario a", "pluralidad", "hacer...", "acción y efecto de..."), se habla de **morfemas gramaticales** (语法语素), como por ejemplo, -des, -s, -es, -izar, -ción.

5.1.2 Morfemas en chino

En chino la mayoría de los morfemas son monosilábicos: 土 (tǔ), 人 (rén), 水 (shuǐ), 风 (fēng), 子 (zǐ), 民 (mín), 大 (dà), 海 (hǎi), etc., o se componen de dos sílabas: 咖啡 (kāfēi), 琵琶 (pípa), 蜘蛛 (zhīzhū), 灿烂 (cànlàn), 铃铛 (língdang), 蝴蝶 (húdié), etc. También se encuentran morfemas que cuentan con más de dos sílabas, por ejemplo, 奥林匹克 (Àolínpǐkè), 珠穆朗玛 (Zhūmùlǎngmǎ), etc. En estos casos, la mayoría son préstamos de lenguas extranjeras o nombres propios.

Igual que español, los morfemas en chino pueden ser clasificados en morfemas libres y morfemas ligados. Los primeros son los que pueden ser una palabra independiente, por ejemplo: 山 (shān), 水 (shuǐ), 天 (tiān), 地 (dì), 人 (rén), 口 (kǒu), 手 (shǒu). Por el contrario, los morfemas ligados son los que no pueden constituir palabras independientes, por ejemplo: 民 (mín), 语 (yǔ), 丰 (fēng), 习 (xí).

De acuerdo con las funciones que desempeñan, los morfemas también se pueden clasificar en morfemas léxicos, por ejemplo, 美 (měi), 红 (hóng), 书 (shū), etc., y morfemas gramaticales, por ejemplo, 化 (huà), 第 (dì), 者 (zhě), etc.

5.1.3 Morfología sincrónica y diacrónica

La formación de palabras está sujeta en español a múltiples irregularidades que, en su mayor parte, son resultado de factores históricos. Por esta razón en la **morfología sincrónica** (共时词法学) se suelen proponer estructuras morfológicas que se apartan de la etimología de la palabra y buscan apoyo en las relaciones que establecen intuitivamente los hablantes. Así, en el análisis sincrónico se considera que *conductor* es un derivado de *conducir*, pese a que en latín ya existía *conductor*. Se evitan, por otra parte, en el análisis sincrónico las bases opacas, perdidas o no accesibles, de las que los hablantes no tienen conciencia. Por ejemplo, a partir de la base ya perdida *calura* procede históricamente el adjetivo *caluroso*; por analogía con este adjetivo, se suele explicar la *u* de *riguroso*. En la morfología sincrónica, sin embargo, se prefiere vincular ambos adjetivos con los sustantivos hoy existentes *calor* y *rigor*. La **morfología diacrónica** (历时词法学), en cambio, se atiene estrictamente a la etimología. Una forma de evitar las bases opacas en la morfología sincrónica es postular variantes alternantes, como *calur-* ~ *calor-* para explicar *caluroso*. A pesar de ello, ha de tenerse en cuenta que la transparencia de las palabras es variable. Casi todos los hispanohablantes relacionan *agruparse* con *grupo* o *apolillarse* con *polilla*; pero solo algunos vinculan *amilanarse* con *milano* o *agazaparse* con *gazapo* ("cría de conejo").

5.2 Lectura

5.2.1 Bibliografía básica

El plural de los préstamos de otras lenguas
(Adaptación de RAE, 2010: 42)

La creciente internacionalización del léxico a la que hoy están expuestos los hablantes y el contacto lingüístico que se produce en muchos países entre el español y otros idiomas explican en buena medida la abundancia de préstamos, sobre todo del inglés. El proceso de adaptación morfológica de estos préstamos es gradual y está sujeto a considerable variación. No son raros en los textos los extranjerismos crudos, como *varios best-sellers*, *algunos flash-backs*, las *boutiques*, los *gourmets* o *dos lieder*, que mantienen el plural de la lengua a la que pertenecen.

Las voces que han entrado ya en un proceso de adaptación comienzan a seguir las reglas de formación de plural que rigen para las palabras patrimoniales. Así ocurre con *atrezos*, *bafles*, *bidés*, *capós*, *espaguetis*, *guetos*, *interviús*, *pedigrís*, *tiques* (también se registran *tickets* y *tiquetes*), *yanquis* y tantas otras que, adaptadas con una terminación vocálica, añaden en el plural la *-s* de acuerdo con la pauta general en español. Por su parte, *gay/gais*; *jersey/jerséis* (también, en América, *yérsey/yerseis*); *paipay* (o *paipái*)/*paipáis*; *póney/poneis* (o *poni/ponis*); *dandi/dandis*; *panti/pantis* y algunas otras voces sustituyen la *-y* original, la mantengan o no en el singular, por un plural en *-is*. Otras como *body*, *brandy*, *rugby* o *sexy* conservan aún su forma originaria en singular y plural.

Muchos de los nombres terminados en las consonantes *-n, -l, -r, -d, -j, -z* se adaptan también a las reglas generales haciendo el plural en *-es*: *bluyines*, *cruasanes*, *chándales*, *vodeviles*, *búnkeres*, *córneres*, *escáneres*, *estores*, *láseres*, *pósteres*, *suéteres*, *yogures*, *efodes*, etc. Del mismo modo, los sustantivos no agudos acabados en *-s* o *-x* permanecen invariables en plural (*los toples*, *dos réflex*, *varios télex*), mientras que los agudos y monosílabos lo forman en *-es*: *estreses*, *fuagrases*, *boxes*, *faxes*. También añaden *-s* los terminados en otras consonantes: *airbags*, *argots*, *blocs*, *chefs*, *esnobs*, *fagots*, *fracs*, *maillots*, *ninots*, *robots*, *tuaregs*, *vivacs*, *webs*, etc. Se opta por el plural invariable en las formas esdrújulas, como *los cárdigan*, *los mánager*, *los trávelin*.

Como la integración de muchos préstamos es un proceso aún no culminado, se registran numerosas vacilaciones en la formación de su plural. Junto a *chándales*, *córneres*, *escáneres*, *másteres* o *pósteres*, se usan también *chándals*, *córners*, *escáners*, *másters* o *pósters*. Sería deseable la regularización de estas voces, por lo que se recomienda la castellanización de su grafía, en los casos en que aún no se haya producido (*affaire*, *croissant*, *dossier*, *foie gras*, *foulard*, entre otras), y la formación de su plural en *-es*, en lugar de en *-s*. Se observa en los textos que muchas de estas voces presentan, por el momento, considerable variación. Así, existe la adaptación *güisqui/güisquis*, que es la opción recomendada, pero siguen siendo mayoritarias en el uso las formas originales *whisky* y *whiskey*, con sus plurales correspondientes. He aquí algunos ejemplos de estas formaciones:

Toma con agua sus ocasionales güisquis (*Universal* [Ven.] 27/10/1996); Esa noche se tomó tres whiskys en vez de uno (Donoso, *Pájaro*); Alberto pedía a sus asociados, sobre todo, libros de su biblioteca, un termo, café, té, y un surtido de whiskis (Chavarría, *Rojo*).

El plural de *lord* es *lores*, y el de *sándwich*, *sándwiches*. Los plurales más frecuentes para *pin* y *fan* son los originales *pins* y *fans*, pero se recomienda su castellanización como *pines*, *fanes*. Alternan, según los países, *pívot/pívots* y *pivote/pivotes*; se recomienda adaptar *casette* y *diskette* como *casete/casetes* y *disquete/disquetes*. El plural de *test* es *tests*, pero también se documenta la forma invariable *los test*. A su vez, *club* hace su plural en las formas *clubs* o *clubes*, ambas consideradas correctas, mientras que *bistec/bistecs*; *boicot/boicots*; *coñac/ coñacs* y *debut/debuts* se han impuesto en el uso a *bisté/bistés*; *boicó/boicós*; *coñá/coñás* y *debú/debús*. Tienen plural regular en español algunos nombres que proceden de voces plurales en su lengua de origen: *los espaguetis*, *los raviolis*, *los talibanes*, *los muyahidines*. También es regular el plural de los nombres de etnias: *los aimaras*, *los tuaregs*.

5.2.2 Bibliografía complementaria

[1] FÁBREGAS A, 2013. La morfología: El análisis de la palabra compleja[M]. Madrid: Síntesis.

[2] MOLINER M, 2004. Diccionario de uso del español[M]. Madrid: Gredos.

[3] MORENO J C, 1991b. Curso universitario de lingüística general. Tomo II: Semántica, pragmática, morfología y fonología[M]. Madrid: Síntesis.

[4] VARELA S, 1990. Fundamentos de morfología[M]. Madrid: Síntesis.

5.3 Prácticas y ejercicios

Segmentación de los morfemas

Uno de los objetivos centrales de la morfología es identificar y caracterizar las unidades mínimas que son relevantes para comprender la estructura de las palabras. Para ello, podemos utilizar el método de segmentación, que con mucha frecuencia se aplica en los estudios lingüísticos. Por ejemplo, en una palabra del español, como "gatita", podemos realizar la siguiente segmentación en morfemas: gat-it-a: morfema lexical {gat-}, que contiene el significado de toda la palabra (felino doméstico); morfema gramatical {-it-}, con el significado de diminutivo, y {-a}, morfema gramatical, con el significado de género femenino.

De la misma manera, con la palabra "desglobalización", la segmentación que podemos efectuar es lo siguiente: des-glob-al-iza-ción: morfema gramatical {des-}, que indica la contrariedad, {-glob-}, con el significado de globo, morfema gramatical {-al-}, indicación del adjetivo, morfema gramatical {-iza-}, con el significado de "hacer...", y morfema gramatical {-ción}, con el significado de "acción y efecto de...".

Al efectuar la segmentación, hay que tener en cuenta que la operación es posible porque los componentes segmentados pueden ser asilados también en otras palabras. Por ejemplo, {gat-} aparece en *gato*; {-it-}, en *abuelita*; {-a}, en *muchacha, moza*, {des-} aparece en *desforestar, desmitificar, desintoxicar*; {-glob-}, en *globo, glóbulo*; {-al-}, en *comercial, mundial, nacional*; {-iza-}, en *alfabetizar, gramaticalizar, sintetizar*; {-ción}, en *modernización, internacionalización, planificación*, banalización, etc.

Jerarquización de las relaciones morfológicas

Cuando efectuamos la segmentación de las palabras en morfemas, hay que tener en cuenta que estos morfemas se organizan de una manera jerárquica. Es decir, no se trata de una simple suma de los componentes segmentados, sino una cadena enlazada de un orden determinado. Tomemos la palabra desglobalización como ejemplo[1] para ilustrar el proceso de jerarquización.

Para entender de manera intuitiva cual es el proceso de jerarquización de la palabra "desglobalización", podemos pensar en cómo definiría este término: "tendencia opuesta a la globalización". Esta definición ofrece una pista importante sobre la estructura interna de la palabra: [des] no se combina con la unidad que le sigue linealmente, [glob], sino con todo el conjunto posterior, [globalización]: [des] [globalización]. [des] es, pues, un morfema ligado que se antepone a otros morfemas (en este caso, a un conjunto de morfemas que puede tener existencia como palabra independiente).

"Globalización", a su vez, es la "tendencia a hacer global el mercado", esto es la "acción y efecto de globalizar". ¿Qué parte de *globalización* es la responsable del significado abstracto de "acción y efecto de..."? Claramente la forma [ción]. En consecuencia, la relación se establece de nuevo entre una unidad y un conjunto de unidades: [globaliza][ción].

Si seguimos preguntándonos qué es *globalizar*, la respuesta es obvia: hacer global o universal algo", de modo que podemos identificar otra vez una relación binaria: [global][izar]. Finalmente, *global* significa "referente al globo, al planeta", por lo que se establece una nueva conexión directa entre dos constituyentes: [glob][al].

Si se trasladan los resultados parciales a un esquema único, se obtiene una estructura con diferentes niveles que refleja fases diferentes en el análisis e interpretación de esta palabra:

Figura 5.2

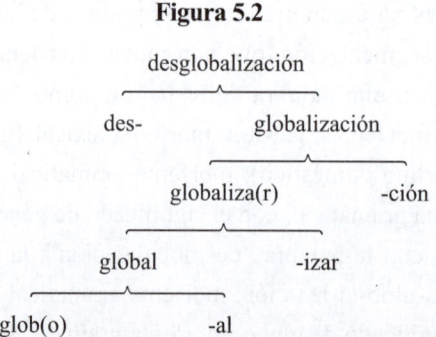

Fuente: Escandell (2011: 137).

---

1 Ejemplo de Escandell (2011: 136).

El esquema de arriba muestra que en las palabras complejas los morfemas no se combinan unos con otros por simple suma, sino que lo hacen de manera organizada: no están todos al mismo nivel, y se establecen entre ellos relaciones jerárquicas (es decir, relaciones de dominio y de precedencia).

Este ejemplo ilustra de manera general que las palabras complejas se asemejan, pues, a un compuesto químico formado por diferentes tipos de átomos. Y, del mismo modo que los compuestos químicos tienen estructuras, también la tienen las palabras.

Cuestionario

(1) ¿Cuál es la diferencia entre "morfología flexiva" y "morfología léxica"?

(2) Efectúe la distinción de "morfema gramatical" y "morfema léxico", y proponga para cada hueco tres ejemplos en español y chino.

	Morfema gramatical	Morfema léxico
Español	{ }	{ }
	{ }	{ }
	{ }	{ }
Chino	{ }	{ }
	{ }	{ }
	{ }	{ }

(3) Realice la segmentación de las siguientes palabras de acuerdo con el modelo.
   Modelo: desfosforización: {des-} {-fosfor-} {-iza-} {-ción}
   - Autobiografía:
   - Cooperación:
   - Democratización:
   - Desenterrar:
   - Gastrolito:
   - Geografía:
   - Multimedia:
   - Polideportivo:
   - Previsible:
   - Semifinalista:
   - Teletrabajo:

(4) Efectúe la jerarquización de las relaciones morfológicas y complete los esquemas.

- Anticolonialismo:

anticolonialismo

anti-

　　　　　-ismo

colon(o)　　-ial

- Desnaturalización:

desnaturalización

des-

　　　　　-ción

　　　　　-izar

　　　　　-al

- Desorientación:

desorientación

orientación

orienta(r)

orient(e)

- Internacionalización:

internacionalización

inter

- Reunificación:

reunificación

Capítulo 6
La morfología (2)*

6.1 Conceptos básicos: la morfología léxica
    6.1.1 Derivación
    6.1.2 Composición
    6.1.3 Flexión

6.2 Lectura
    6.2.1 Bibliografía básica
    6.2.2 Bibliografía complementaria

6.3 Prácticas y ejercicios

---

* La presentación de los términos y conceptos de este capítulo se basa en RAE (2010) y Escandell et al. (2011).

En el quinto capítulo, hemos aprendido a segmentar y organizar jerárquicamente las unidades morfológicas. En este capítulo vamos a conocer la otra tarea fundamental que realiza la morfología: identificar y caracterizar los procesos morfológicos que tienen lugar en el ámbito léxico. Estos procesos productivos contribuyen poderosamente a la formación de palabras, y al mismo tiempo sirven para facilitar la comprensión y memorización de estas.

6.1 Conceptos básicos: la morfología léxica

La morfología léxica estudia la estructura de las palabras y las pautas que permiten construirlas o derivarlas de otras. Tradicionalmente se denomina también formación de palabras. Básicamente se reconocen tres procesos morfológicos: **derivación** (派生), **composición** (复合) y flexión.

6.1.1 Derivación

La derivación es el proceso morfológico por el que se crea una nueva palabra a partir de un morfema léxico preexistente. El ejemplo más frecuente de proceso derivativo es el de derivación afijal en que la nueva palabra se crea por adición de **afijos** (词缀) a la base léxica.

Las palabras derivadas se forman a partir de una base léxica por un proceso de afijación. Así, *dormitorio* se crea a partir de *dormir*, *sensatez* a partir de *sensato*, o *robustecer* a partir de *robusto*. Las voces derivadas constan de una **raíz** (词根) y un afijo. La raíz aporta el significado léxico, y los afijos agregan informaciones de diverso tipo.

En cuanto a los afijos, de acuerdo con la posición que ocupan, se clasifican en **prefijos** (前缀) y **sufijos** (后缀). Aparte de la diferencia posicional, hay que tener en cuenta que la agregación de los sufijos pueden alterar la clase de palabras a la que pertenece la base, mientras que con los prefijos, esta alternación no se produce. Por ejemplo, con el sufijo *-ez*, el adjetivo *sensato* se convierte en un sustantivo *sensatez*. Sin embargo, este tipo de cambio nunca se da en la prefijación, como por ejemplo, *im-* + *posible* > *imposible*, *pre-* + *ver* > *prever*, etc.

La otra diferencia entre prefijos y sufijos consiste en que la prefijación suelen ser más libre que la sufijación. Por ejemplo, el prefijo *des-* puede combinarse con verbos (*desconcentrar*, *desestimar*), con sustantivos (*desorden*, *descontento*). Los sufijos, en cambio, tienden a presentar una combinatoria más estricta: el sufijo *-ción*, que permite formar sustantivos, se une exclusivamente con verbos: *mediar* > *mediación*, *atomizar* > *atomización*, pero no con sustantivos; el sufijo *-izar* se combina con adjetivos para formar verbos; y el sufijo *-al* se une sustantivos para formar adjetivos. Esto indica que hay restricciones sistemáticas que determinan la clase gramatical de los elementos con que se combina. Vamos a resumir las diferencias entre los prefijos y los sufijos en la siguiente tabla:

Figura 6.1

	Prefijo	Sufijo
Posición	Antes de la raíz	Después de la raíz
Alteración de la clase de palabras	Imposible	Posible
Combinatoria	Más libre	Más estricta

Fuente: elaboración propia basada en Escandell (2011: 138).

Aunque el chino no es una lengua flexiva, en que se encuentran numerosos prefijos y sufijos, se puede localizar algunas operaciones morfológicas parecidas. Por ejemplo, en chino tenemos el prefijo "第 (dì)", que puede combinarse con los numerales cardinales convirtiéndolos en ordinales: 第 (dì)+五 (wǔ)>第五 (dì-wǔ), 第 (dì)+八 (bā)>第八 (dì-bā). Si traducimos las dos fórmulas mencionadas, la traducción será: prefijo dì + cinco > quinto, prefijo dì + ocho > octavo. El ejemplo del sufijo lo vamos a citar el "化 (huà)", el que se parece mucho al sufijo *-ción* en español. Por ejemplo, 现代 (xiàndài)+化 (huà)>现代化 (xiàndàihuà), 城市 (chéngshì)+化 (huà)>城市化 (chéngshìhuà): moderno + sufijo huà > modernización, urbe + sufijo huà > urbanización. Cabe mencionar que en chino la clase de las palabras no es fija. Por lo tanto, a diferencia del español, en este idioma, cuando hablamos de los pocos sufijos que se encuentran, no conferimos atención a restricciones sistemáticas que determinan la clase gramatical de los elementos con que se combina.

Aparte de la prefijación y la sufijación, el otro proceso morfológico típico que se encuadra en la derivación es **parasíntesis** (双重构词法), es decir, una combinación de la prefijación y la sufijación. Dicho de otra manera, recibe el nombre de parasíntesis el procedimiento en que la derivación se produce por la adición simultánea de un prefijo y un sufijo. Por ejemplo, *en-* + *amor* + *-ar* > *enamorar*, *a-* + *clar(o)* + *-ar* > *alcarar*, *en-* + *alt(o)* + *-ecer* > *enaltercer*. Se nota que el paradigma derivativo o familia de palabras se obtiene con las voces derivadas de ella, como *altura, alteza, altivo, altivez, altamente, altitud*, o el verbo *enaltecer*.

6.1.2 Composición

Se llama composición el proceso morfológico por el que dos o más palabras forman conjuntamente una palabra compuesta. Por ejemplo, *abre* + *latas* > *abrelatas*, *lava* + *ropas* > *lavarropas*, *pinta* + *labios* > *pintalabios*, *saca* + *corchos* > *sacacorchos*, *salva* + *vidas* > *salvavidas*.

Como muestran los ejemplos arriba puestos, este tipo de palabras pueden formarse por un verbo más un sustantivo. En otros casos, se forman con dos sustantivos, dos verbos o dos adjetivos. Por ejemplo, *aguamiel, bocacalle, café teatro, pegapega, picapica, sordomudo*. A veces se emplean adjetivos o adverbios, por ejemplo, *aguafuerte, buenaventura, pintarroja, saltatrás*. En algunas ocasiones, la composición incluso se efectúa por medio de enlazar constituyentes verbales. Por ejemplo, *correveidile, hazmerreír, matalascallando*. La composición de este tipo de palabras es muy interesante, y en muchos casos podemos adivinar su sentido, ya que tenemos conocidos los constituyentes, los cuales nos aportan información suficiente para llegar a comprender el resultado de la composición.

6.1.3 Flexión

El conjunto de formas que componen la **conjugación verbal** (动词变位) representa un ejemplo más de la combinatoria de morfemas. Este proceso, que se conoce como flexión, difiere de los de formación de palabras que se han estudiado en las secciones anteriores. La diferencia consiste en que aunque utilice típicamente procedimientos de afijación, no da lugar a palabras diferentes, sino a formas diferentes de una misma palabra, que expresan significados intrínsecos o inherentes (pluralidad, tiempo verbal, etc.) y gramaticales o dependientes (concordancia, función sintáctica, etc.). Los procesos de flexión nunca cambian la categoría de la palabra a la que se aplican.

Para entender mejor la diferencia arriba mencionada, compararemos un poco las palabras flexionadas y las derivadas. Las voces flexionadas (leo, leyendo, leeré) constituyen variantes de una misma unidad léxica (leer), mientras que las palabras derivadas (lector, lectura) constituyen voces diferentes. Las variantes flexivas de las palabras están ausentes de los diccionarios. Por el contrario, aparece en ellos la mayor parte de las voces obtenidas por derivación y composición.

En el ámbito verbal, a partir de la base verbal y del conocimiento de los morfemas correspondientes es posible producir una serie de formas que permiten codificar toda la gama de distinciones personales, temporales y modales que se han consolidado en los **paradigmas** (聚合关系语言项) de cada lengua. Un paradigma es un conjunto de elementos lingüísticos que comparten una propiedad común: en este caso, hablamos del paradigma verbal o conjugación. Si los diccionarios no recogen más que la forma del infinitivo es precisamente porque parten del supuesto de que hay patrones regulares que permiten el despliegue de toda esta variedad de formas flexivas, de modo que es posible organizarlas bajo una única etiqueta. Los contenidos típicamente asociados a la flexión verbal son temporales, aspectuales, modales y evidenciales (esto es, los que hacen referencia a la fuente de la información).

Además de en el ámbito verbal, la flexión puede manifestarse también en el ámbito nominal. Muchas lenguas se sirven de procedimientos flexivos para indicar distinciones formales relacionadas con la función oracional o semántica de los sintagmas nominales, es decir, para expresar diferentes **casos** (格). De este modo, los sustantivos, adjetivos, determinantes y cuantificadores pueden formar paradigmas flexivos que recogen estas distinciones y reciben el nombre de **declinaciones** (词形变化).

En algunas lenguas, se aplica el proceso morfológico de la **reduplicación** (重叠) para indicar distinciones asociadas a la flexión. Se trata de un proceso en que se produce la repetición total o parcial de un segmento lingüístico. Por ejemplo, en indonesio se utiliza la reduplicación para indicar la pluralidad: *buku* (libro) > *buku-buku* (libros), *anak* (niño) > *anak-anak* (niños).

6.2 Lectura

6.2.1 Bibliografía básica

Tipología morfológica
(Adaptación de Escandell, 2011: 151)

En la siguiente lista se presentan palabras en singular y en plural en diferentes lenguas. Indique qué procedimiento morfológico se ha utilizado para formar el plural en cada caso:

Figura 6.2

Lengua	Singular	Plural	Traducción
Japonés	*Hito*	*Hito*	Persona/personas
Tagalo	*Bato*	*Mga bato*	Piedra/piedras
Turco	*Ev*	*Evler*	Casa/casas
Árabe	*Rajulun*	*Rijalun*	Hombre/hombres
Malayo	*Anak*	*Anak-anak*	Niño/niños

Fuente: Escandell (2011: 151).

El ejercicio arriba puesto muestra que para transmitir un mismo contenido gramatical (el plural) no todas las lenguas utilizan los mismos recursos. Cada lengua muestra preferencias sistemáticas por unos determinados recursos y procedimientos. Estas preferencias dan lugar a la clasificación tipológica.

En el ejemplo del japonés se observa que el plural no tiene una manifestación morfológica visible. De hecho, en japonés no hay nada parecido a los morfemas de género y número en español. En tagalo, en cambio, utiliza un morfema independiente para indicar la pluralidad: el plural se forma añadiendo otra palabra distinta, *mga*, que significa "algunos/-as". Esta estrategia es propia de las lenguas analíticas o aislantes, en las que cada morfema es una palabra independiente. En las lenguas aislantes no hay flexión y son muy escasos los procesos morfológicos de derivación; la combinación de morfemas no tiene lugar en el interior de la palabra, sino que es un proceso sintáctico.

El resto de los ejemplos pertenecen a lenguas sintéticas, ya que en ellas las palabras están típicamente formadas por más de un morfema. En turco el plural se forma añadiendo un sufijo a la base nominal, de modo que ambos morfemas forman una sola palabra. El turco es una buena muestra de lengua sintética aglutinante, ya que los morfemas son perfectamente distinguibles. Si al morfema de plural le añadimos el de caso, sigue siendo posible diferenciar con nitidez los tres morfemas: en la palabra *evlerden*, *ev* es la raíz y significa "casa"; *ler* es el morfema de plural; y *den* es el sufijo flexivo propio del caso ablativo. El plural en malayo se forma por reduplicación. El malayo es un nuevo ejemplo de lengua aglutinante.

Las lenguas indoeuropeas (el latín, el español, el inglés) son lenguas sintéticas, en las que podemos ejemplificar muchos de los procesos morfológicos de flexión, derivación y composición. Puesto que muchas de las relaciones gramaticales básicas como el caso o la concordancia pueden expresarse por medios morfológicos, el orden de palabras en estas lenguas suele ser más libre.

No en todas las lenguas sintéticas es posible siempre identificar y segmentar todos y cada uno de los diferentes morfemas que componen una palabra. En árabe, por ejemplo, el plural se forma por un proceso de introflexión, en el que las diferencias morfológicas se expresan por medio de variaciones vocálicas en el interior de la raíz de la palabra. El árabe es una lengua sintética flexiva. A esta misma clase, en la que los morfemas no siempre son claramente distinguibles unos de otros, pertenecen también las lenguas indoeuropeas, en las que hay frecuentemente amalgamas de morfemas: por ejemplo, en la forma *amaron*, el sufijo *-ron* expresa a la vez varias categorías morfológicas diferentes: modo (indicativo), tiempo (pretérito indefinido o simple), persona (tercera) y número (plural).

El caso extremo de las lenguas aglutinantes está representado por las lenguas polisintéticas: las unidades básicas son las raíces y los afijos, que se encadenan para formar palabras muy complejas, que pueden corresponder a frases enteras en otras lenguas. El inuktitut (la lengua de los esquimales) pertenece al tipo polisintético. En esta lengua, la palabra *umiqanngittuq* es la unión de cuatro morfemas diferentes (umik+qaq+nngit+tuq). Su significado puede equivaler al de una oración completa en español ("El no tiene barba"), o bien a un nombre ("el lampiño"). El ejemplo anterior muestra también que las lenguas polisintéticas tienen incorporación nominal, con la creación del predicado complejo *umiqaq*, "tener barba".

Hay que recordar que las clasificaciones tipológicas reflejan tendencias generales en la estructura morfológica de las lenguas, que pueden participar en mayor o menor medida de estas clases: el japonés, por ejemplo, es una lengua analítica en el área nominal, pero flexiva en el ámbito verbal.

6.2.2 Bibliografía complementaria

[1] ALVAR M, 1993. La formación de palabras en español[M]. Madrid: Arco/Libros.

[2] BAJO E, 1997. La derivación nominal en español[M]. Madrid: Arco/Libros.

[3] PENA J, 1999. Partes de la morfología, las unidades del análisis morfológico[M]//BOSQUE I, VIOLETA D. Gramática descriptiva de la lengua española. Madrid: Espasa: 4305-4366.

[4] VARELA S, 2005. Morfología léxica: la formación de palabras[M]. Madrid: Gredos.

6.3 Prácticas y ejercicios

Formación de palabras

Vamos a recoger en lo que sigue algunos prefijos y sufijos usuales junto con sus significados y ejemplos para demostrar el proceso de formación de palabras en español. Estos componentes lingüísticos, que de manera poderosa contribuyen a la formación de palabras, nos van a servir mucho a la hora de entender y memorizar las palabras en la lengua española.

Figura 6.3

	Prefijo	Sufijo	Significado	Ejemplos
auto-	√		Por uno mismo, a sí mismo	autobiografía, autocontrol, autodefensa, autoestima, autogol, autorretrato, autoservicio
-able -ible		√	Que se puede	apreciable, comible, convertible, masticable, visible
-ción		√	Acción o efecto de	democratización, globalización, informatización, transportación, urbanización
des-	√		Negación	deshacer, descomponer
hidro-	√		Agua	hidroavión, hidrofobia, hidroterapia
mono-	√		Uno solo, único	monolito, monólogo, monótono
-oso		√	Abundancia	arenoso, bondadoso, cremoso, doloroso, grandioso, jugoso, laborioso, lluvioso, maravilloso, mentiroso, montañoso, ocioso, sabroso
pre-	√		Anterioridad temporal	precolombino, predecir, prefijar, prehistórico, prever
re-	√		Repetición	reafirmar, readaptar, readmitir, reconstruir
tele-	√		A distancia	teléfono, telescopio, televisión, televisor, teletrabajo
tri-	√		Tres	triangular, tricolor, tridimensional, trimestral, triple, triplicar
xeno-	√		Extranjero	xenofilia, xenofobia

Fuente: elaboración propia.

Producción morfológica

Con los conocimientos básicos sobre la morfología, cualquier hablante dispone de la posibilidad de crear nuevas palabras que los demás pueden entender. Este proceso creativo lo podemos denominar la producción morfológica. Veamos en lo que sigue algunos ejemplos que proponen Escandell (2011: 150).

A partir del sonido *click* se creó el verbo clicar o cliquear. Como ya tenemos conocimientos acerca de la derivación, podemos deducir inmediatamente que este nuevo verbo significa "hacer click". El otro ejemplo se relaciona con *Google*. Se trata del nombre de marca de un poderoso motor de búsqueda mundialmente conocido. A partir de este nombre puede crearse el verbo corres-pondiente, *googlear* o *guglear*, que significa "buscar con Google". A partir de dicho verbo, puede formarse el adjetivo *googleable* o *gugleable*, "que puede ser buscado y encontrado con Google". De ahí es fácil luego crear el sustantivo correspondiente, con el significado de "posibilidad de ser buscado y encontrado con Google": *googleabilidad o gugleabilidad*. En chino, podemos encontrar procesos parecidos. Por ejemplo, con el sufijo "化 (huà: -ción)" podemos crear palabras como "信息化 (información + -ción > informatización)", "人工智能化 (inteligencia artificial + -ción > popularización de la inteligencia artificial)", etc. A veces, utilizamos el proceso de **conversión** (词类转化). Se trata de un proceso de derivación no afijal. Por ejemplo, "请你消息 (xiāoxi) 一下他", "请你百度 (bǎidù) 一下这个单词". En estos casos, los sustantivos "mensaje" y "Baidu" se convierten en verbos "enviar mensaje" y "buscar por Baidu", y este tipo de conversión es perfectamente comprensible.

Los ejemplos arriba puestos ilustran la auténtica productividad morfológica, es decir, de la capacidad del sistema de crear nuevas palabras de acuerdo con ciertas reglas. Si podemos llegar a entender el significado de estas palabras nuevas es precisamente porque en su creación se han seguido pautas sistemáticas.

Cuestionario

(1) Marque con "√" y "×" la siguiente tabla acerca de las diferencias entre la flexión y la derivación. (Adaptación de Escandell, 2011: 148)

Proceso	Derivación	Flexión
Puede alterar la categoría de la palabra.	√	×
Puede dar lugar a paradigmas.		
Puede cambiar el significado conceptual.		
Puede estar sujeto a requisitos de dependencia contextual.		

(2) Realice derivaciones añadiendo prefijos y sufijos.

Modelo: largo > a- + larg(o) + -ar > alargar

- alto > _____ > _____
- amor > _____ > _____
- bello > _____ > _____

- brazo > _____ > _____
- delgado > _____ > _____
- gordo > _____ > _____
- lazo > _____ > _____
- precio > _____ > _____
- rojo > _____ > _____
- rollo > _____ > _____
- triste > _____ > _____

(3) Adivine el significado de las siguientes palabras compuestas.
Modelo: Limpiachimeneas: 打扫烟囱的人
- Correveidile:
- Hazmerreír:
- Hombre rana:
- Lavavajillas:
- Limpiabotas:
- Limpiamanos:
- Parabrisas:
- Rascacielos:
- Sordomudo:

(4) ¿Verdadero o falso? (Adaptación de Escandell, 2011: 160)

El procedimiento morfológico básico es la concatenación de morfemas.	√
La derivación es el procedimiento por el que se forman palabras nuevas por la adición de sufijos.	×
En las palabras derivadas son las bases léxicas las que determinan la categoría gramatical.	
Los prefijos son los responsables de los cambios de categoría gramatical.	
La derivación implica en todos los casos un cambio de categoría gramatical.	

Capítulo 7
La sintaxis (1)[*]

7.1 Conceptos básicos: unidad mínima del análisis sintáctico
    7.1.1 Clases de palabras
    7.1.2 Categorías léxicas y funcionales
    7.1.3 Tipología sintáctica

7.2 Lectura
    7.2.1 Bibliografía básica
    7.2.2 Bibliografía complementaria

7.3 Prácticas y ejercicios

---

[*] La presentación de los términos y conceptos de este capítulo se basa en RAE (2010) y Escandell et al. (2011).

Como hemos mencionado con anterioridad, en el sentido estricto, la gramática comprende la morfología y la sintaxis. La morfología la hemos presentado de forma sucinta en los capítulos cinco y seis, y en los capítulos siete y ocho vamos a conocer las nociones básicas de la sintaxis, que se ocupa de analizar el modo en que se combinan las palabras para formar unidades mayores.

Figura 7.1 Clasificación de la gramática en el sentido estricto

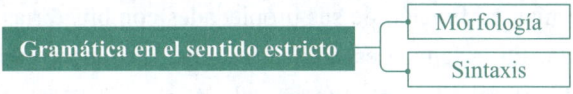

Fuente: elaboración propia basada en RAE (2010: 3).

Cualquier hablante nativo puede distinguir las oraciones incorrectas (o sea, agramaticales) de las correctas según su propia intuición lingüística. Este tipo de intuición implica que conoce las reglas sintácticas de su lengua aunque se trata de un conocimiento inconsciente. Precisamente, es tarea de los que estudian la sintaxis explicar de manera explícita ese conocimiento de los hablantes. Dicho de otra manera, la sintaxis es un nivel de análisis gramatical que tiene como tarea principal delimitar las unidades mínimas de análisis y definir las reglas que permiten combinar esas unidades para crear otras mayores.

7.1 Conceptos básicos: unidad mínima del análisis sintáctico

Las unidades básicas del análisis sintáctico son las **clases de palabras** (词类) o **categorías gramaticales** (词类). En algunas ocasiones, las clases de palabras se denominan también partes de la oración. Sin embargo, muchos lingüistas suelen evitar el uso del término "parte de la oración", ya que su uso implica la idea de que la oración es una unidad sintáctica fundamental, en la que se establecen las relaciones básicas entre las palabras. Sin embargo, en muchos casos, las palabras no desempeñan una función en una oración sino en una parte de ella.

7.1.1 Clases de palabras

Las palabras se pueden clasificar en un conjunto limitado de tipos, denominados clases de palabras o categorías gramaticales. Por ejemplo, el verbo es la única clase de palabras en español con flexión de tiempo, aspecto y modo. El adjetivo es una clase de palabras que modifica al sustantivo o se predica de él aportándole muy variados significados.

De acuerdo con Pinker (1994), cada categoría gramatical de palabras no se puede definir como una clase de significados, sino como una clase de símbolos que se rigen según ciertas reglas formales, lo mismo que las piezas del ajedrez o las fichas de dominó. Así por ejemplo, un nombre no es más que una palabra que hace las cosas típicas de los nombres: sigue a un artículo, no se puede conjugar, y otras cosas por el estilo. Existe, naturalmente, una relación entre los conceptos y las categorías gramaticales pero se trata de una relación abstracta y sutil. Cuando caracterizamos una parte de la realidad como algo que puede ser identificado, contado o medido de algún modo, y que puede desempeñar algún papel en un suceso, el lenguaje permite expresarlo en forma de nombre, tanto si se trata de un objeto físico como si no. Como señala Pinker, igual que en el ajedrez hay distintas piezas, cada una con una configuración específica y con un modo particular de moverse (en forma de ele, en diagonal, etc.), las palabras se agrupan también por clases, tienen una forma prototípica y se combinan con las otras dependiendo de la clase a la que pertenezcan.

Según RAE (2010: 10), las clases de palabras son los paradigmas (en el sentido de series o repertorios) que estas forman en función de sus propiedades combinatorias y de las informaciones morfológicas que aceptan. En la lengua española se suelen reconocer entre las clases sintácticas de palabras el **artículo** (冠词), el **sustantivo** (名词), el **adjetivo** (形容词), el **pronombre** (代词), el **verbo** (动词), el **adverbio** (副词), la **preposición** (介词), la **conjunción** (连词) y la **interjección** (叹词). En el chino moderno las palabras se clasifican en sustantivos, verbos, adjetivos, **numerales** (数词), **clasificadores** (量词), pronombres, adverbios, preposiciones, conjunciones, **palabras auxiliares** (助词), interjecciones y **onomatopeyas** (拟声词). Veamos algunos ejemplos:

- En español:
Artículo: el, un
Sustantivo: aire, prudencia
Adjetivo: limpio, literario
Pronombre: nosotros, quien
Verbo: ser, hablar
Adverbio: lejos, abiertamente
Preposición: de, para
Conjunción: y, aunque
Interjección: eh, caramba
- En chino:
Sustantivo: 上海, 友谊
Verbo: 飞翔, 尊敬
Adjetivo: 奢侈, 丑陋
Numeral: 零, 千
Clasificador: 朵, 棵
Pronombre: 她们, 这
Adverbio: 很, 刚
Preposición: 自从, 以
Conjunción: 因为, 虽然
Palabras auxiliares: 了, 的
Interjecciones: 喂, 唉
Onomatopeyas: 汪汪, 呼呼

7.1.2 Categorías léxicas y funcionales

Algunas clases de palabras aportan informaciones gramaticales, es decir, significaciones abstractas determinadas por la gramática misma, como la referencia, la pluralidad o las marcas sintácticas de función, etc., y por lo tanto reciben el nombre de **categorías funcionales** (虚词). Así ocurre en español con los artículos, con los pronombres, y también con algunos adverbios (allí, aquí, así...), preposiciones (a, de, con...), conjunciones (y, pero...) y verbos (ser, haber...). En cambios los sustantivos, los adjetivos y la mayor parte de los verbos y de los adverbios proporcionan informaciones léxicas y por eso reciben el nombre de **categorías léxicas** (实词).

El caso del chino es un poco diferente. En términos generales, se considera que los sustantivos, verbos, adjetivos, numerales, clasificadores y pronombres constituyen categorías léxicas mientras que los adverbios, preposiciones, conjunciones, palabras auxiliares, interjecciones y onomatopeyas pertenecen a categorías funcionales.

7.1.3 Tipología sintáctica

Entre los factores que generan diversidad entre las lenguas desde el punto de vista gramatical destacan los siguientes:

- Organización gramatical. Por este criterio se distingue entre lenguas **nominativo** (主格) **-acusativas** (宾格) y lenguas **ergativo** (作格) **-absolutivas** (通格).

- Orden de palabras. Según tengan o no orden libre de palabras, las lenguas se dividen en no configuracionales y configuracionales.

- Orden **sujeto** (主语) -verbo-**objeto** (宾语). Las lenguas se pueden clasificar en seis tipos según se combinen estos tres elementos (SVO, SOV, VSO, VOS, OSV, OVS).

- Presencia o no de clasificadores. En las lenguas con clasificadores, los nombres se agrupan en clases y no pueden aparecer sin una marca que señale de qué clase se trata en cada caso.

7.2 Lectura

7.2.1 Bibliografía básica

El género en español y los clasificadores numerales en chino
(Adaptación de Cao, 2014b y 2018b)

En español, los nombres se organizan mediante el género mientras que el chino acude a los clasificadores numerales (CLF.Num) para realizar la clasificación nominal. Veamos algunos ejemplos:

Español:
Masculino: maestro, lápiz, collar
Femenino: chica, pluma, serpiente
Chino:
位：老师，姑娘
支：铅笔，钢笔
条：项链，蛇

En los ejemplos previos se observa que en español los nombres "maestro, lápiz, collar, chica, pluma, serpiente" se clasifican en dos grupos: los primeros tres son masculinos y los últimos tres femeninos. En chino, los mismos nombres se organizan por diferentes clasificadores numerales: personas (位), instrumentos para escribir (支), objetos largos y lineales (条).

En chino, los clasificadores numerales no se usan independientemente sino se aplican en combinación con numerales, los pronombres demostrativos 这 (este), 那 (aquel) o el pronombre interrogativo 哪 (cuál). Por ejemplo, 五本书 (*cinco libros*), 那本书 (*aquel libro*), 哪本书 (*cuál libro*). Dicho de otra manera, el nombre en chino no puede combinarse directamente con los números sin la mediación de los CLF.Num, que hacen posible en el sintagma nominal (SN) la indicación de cantidad. Además hay que fijarse en la construcción del SN: Numeral + Clasificador + Nombre. El orden de las palabras en el sintagma es fijo, lo cual es diferente que la doble posición que puede ocupar la construcción "numeral + clasificadores numerales" en coreano. (Yoon, 2000)

En cuanto al aspecto semántico, a diferencia de los clasificadores en coreano, los que forman un sistema jerarquizado que organiza a los nombres en tres dominios semánticos: [+animado], [-animado, +físico], [-animado, -físico] (Yoon, 2000), en chino tenemos un clasificador muy especial: 个, que se puede aplicar a cualquier nombre. Por ejemplo, el 个 se puede aplicar a personas [+animado], a computadoras [-animado, +físico] o a deseos [-animado, -físico]. Los clasificadores numerales son marcas de una técnica de Individuación con cierto grado de semanticidad. De acuerdo con Iturrioz (1986) la "semanticidad" quiere decir "la propiedad de un elemento en una construcción que consiste en ser portador de un contenido no expresado por ningún otro elemento en la misma construcción". En chino el grado de semanticidad de los clasificadores no es uniforme. El 个 es un caso extremo y excepcional, que cubre una gama completa de todos los conceptos nominales, y por lo tanto es semánticamente vacío. En cambio, existen otros clasificadores que cubren conceptos muy específicos como en el caso de 封, un clasificador numeral que se aplica nada más a la palabra *carta*. Veamos la siguiente tabla, en la que se presentan los CLF.Num más usuales en chino según el orden alfabético de la transcripción fonética:

Figura 7.2

CLF.Num	Objeto al que se aplica
把	cuchillos, sillas, llaves
本	libros, revistas
对	pares, parejas
份	porciones, objetos impresos
封	cartas
个	(general)
间	habitaciones

tabla continua

CLF.Num	Objeto al que se aplica
件	ropa, maletas
棵	árboles
块	objetos rectangulares, dinero
辆	vehículos
盘	objetos planos y circulares
双	pares de objetos relacionados con las manos y los pies
台	máquinas
条	objetos largos y lineales
张	hojas de papel, boletos, fotos, mapas
只	animales
支	Instrumentos para escribir

Fuente: elaboración propia.

Hemos señalado que en chino unos clasificadores pueden cubrir una gama de conceptos nominales bastante amplia mientras que otros se aplican a nombres específicos. Por otro lado a un determinado nombre también se puede aplicar diferentes clasificadores. Por ejemplo, para el nombre *maestro* podemos usar el clasificador numeral 位 u otro general 个. La diferencia entre los dos consiste en que el 位 lleva el sentido de respeto mientras que el 个 es semánticamente vacío.

Las diferencias entre las dos lenguas en cuanto a la clasificación nominal son evidentes. Primero, el género representa una modificación interna, mientras que los CLF.Num pueden ser considerados como clíticos, es decir, una unidad lingüística que está a medio camino entre el morfema y el elemento léxico. A diferencia del chino, el género del español modifica internamente los nombres.

Segundo, el sistema clasificatorio creado por el género es cerrado, es decir, el número de las clases es limitado, mientras que el que se establece por los CLF.Num es abierto. Esta manifestación trata del número de clases creadas por las diferentes técnicas de clasificación nominal. Que el número total de clases sea mayor o menor depende primariamente del grado de gramaticalización alcanzado por el sistema de clasificación, con una variación que va desde un mínimo de dos clases (como en el sistema de género del español) a un centenar de clasificadores en chino con esta técnica lingüística.

Tercero, las clases creadas por los CLF.Num son más ricas semánticamente. En chino, los CLF.Num reflejan las propiedades inherentes de los nombres con que se combinan, como por ejemplo, la propiedad de ser líquido, de ser humano, de ser lineal, etc. Según sea el criterio de clasificación, un nombre puede ser clasificado en varias clases, ya que los nombres suelen denotar al mismo tiempo varias propiedades. Por ejemplo, podemos usar el CLF.Num de "tomo" 册 u otro clasificador de "hojas compiladas" 本 para clasificar el mismo nombre *libro*. El caso del español es distinto. En esta lengua, con los sustantivos que designan seres animados, el género sirve para diferenciar el sexo del referente (gato/gata; niño/niña, etc.). En el resto de los casos, el género de los sustantivos representa una propiedad gramatical sin conexión con el sexo. Por lo cual, en comparación con los CLF.Num, las clases creadas por el género son menos ricas semánticamente.

7.2.2 Bibliografía complementaria

[1] BOSQUE I, 1990. Las categorías gramaticales[M]. Madrid: Síntesis.

[2] CHOMSKY N, 1965. Aspects of the Theory of Syntax[M]. Cambridge: MIT Press.

[3] PINKER S, 1994. The Tower of Babel[M]//PINKER S. The Language Instinct. London: Penguin: 231-261.

[4] YOON J, 2000. Las técnicas de individuación e identificación en coreano y español. Análisis contrastivo[J]. Función(1): 279-338.

7.3 Prácticas y ejercicios

Clasificación de las palabras en clases

En términos generales podemos acudir a los siguientes tres criterios para clasificar las palabras en clases. El primero es criterio semántico, es decir, se clasifican las palabras por su significado. Por ejemplo, afirmamos que las palabras que denotan acciones son verbos: saltar, nadar, caminar, beber, etc. Los nombres que designan a personas, animales o cosas son sustantivos: chica, oso, mesa, etc. Sin embargo, resulta fácil encontrar contraejemplos a esta definición. Por ejemplo, en *La traducción del libro le llevó tres días*, el nombre traducción no denota un objeto sino una acción, y lo mismo ocurre en *La destrucción de la ciudad por los romanos*. Por lo tanto, al realizar la clasificación de las palabras debemos acudir a la vez otros dos criterios: el morfológico y el sintáctico.

La clasificación según el criterio morfológico es una operación de clasificar las palabras de acuerdo con su forma, es decir, por el tipo de afijos que llevan y por otros aspectos morfológicos de las palabras. Por ejemplo, los nombres son las palabras que llevan morfemas de género y número, y se combinan con morfemas derivativos como -ción, -miento, etc. Los adjetivos también pueden llevar morfemas de género y número, y se combinan con morfemas derivativos como -ble, -oso, etc.

El tercer criterio es sintáctico, es decir, se clasifican las palabras por el modo en el que unas palabras se combinan con otras. Por ejemplo, se puede definir la preposición como la clase de palabras que va seguida de un nombre. Los adjetivos pueden aparecer de predicado en oraciones copulativas (*El chico es guapo*).

Muchas palabras en chino pueden pertenecer a varias categorías gramaticales, y por lo tanto, es importante optar por diferentes criterios adecuados según sea el caso. Por ejemplo, la palabra 美丽 puede ser un adjetivo o un sustantivo, ya que puede combinarse con el adverbio 很 (muy) o la palabra auxiliar que indica el sustantivo 的. Los pocos afijos que existen en chino también pueden servir a la hora de clasificar las palabras. Por ejemplo, muchas palabras terminadas en 化 (-ción) son sustantivos: 现代化 (modernización), 工业化 (industrialización), 全球化 (globalización), etc.

Identificación de la tipología sintáctica

Hemos conocido los diferentes tipos sintácticos producidos por diversos factores que generan la diversidad lingüística. A continuación explicaremos el proceso por el que se identifican estos tipos sintácticos.

- Organización gramatical:

El sujeto de los verbos transitivos e intransitivos no lleva marca mientras que el objeto de los verbos transitivos se marca con acusativo. > Es una lengua nominativo-acusativa. (Ejemplos: español, italiano, francés, alemán, latín, etc.)

El sujeto de los verbos intransitivos y el objeto de los verbos transitivos se marcan con absolutivo mientras que el sujeto de los verbos transitivos es marcado con el caso ergativo. > Es una lengua ergativo-absolutiva. (Ejemplos: muchas lenguas caucásicas, amerindias o austronesias.)

- Orden de palabras:

El orden de palabras no es libre. > Es una lengua configuracional. (Ejemplos: la mayoría de las lenguas europeas.)

El orden de palabras es libre. > Es una lengua no configuracional. (Ejemplos: japonés.)

- Orden sujeto-verbo-objeto:

La organización de los constituyentes oracionales básicos:

Sujeto-verbo-objeto. > Es una lengua de tipo SVO. (Ejemplos: español, inglés, vietnamita, etc. El 44% de las lenguas son del tipo SVO.)

Sujeto-objeto-verbo. > Es una lengua de tipo SOV. (Ejemplos: japonés, turco, coreano, etc. El 33% de las lenguas son del tipo SOV.)

Verbo-sujeto-objeto. > Es una lengua de tipo VSO. (Ejemplos: galés, árabe estándar moderno, irlandés, etc. El 18% de las lenguas son del tipo VSO.)

Los tipos VOS, OSV y OVS son muy pocos y representan solo el 5% de las lenguas del mundo.

- Presencia o no de clasificadores:

Cuenta con un sistema de clasificación nominal (género, clasificadores numerales, etc.). > Es una lengua con clasificadores. (Ejemplos: español, chino, suahili, coreano, etc.)

No cuenta con un sistema de clasificación nominal. > Es una lengua sin clasificadores. (Ejemplos: inglés.)

Cuestionario

(1) ¿Cuál es la unidad mínima del análisis sintáctico?

(2) Complete la tabla con las siguientes palabras.
   Español: las, levantar, silla, hacia, lentamente, pero, guapo, por
   Chino: 的, 跑步, 聪明, 苹果, 了, 从, 亿, 着

	Categoría léxica	Categoría funcional
Español		
Chino		

(3) Observe los siguientes datos del vasco y diga si se trata de una lengua nominativo-acusativa o ergativo-absolutiva. Se han sustituido las marcas de caso por C_1 y C_2. ¿A qué caso corresponderían C_1 y C_2? (Escandell, 2011: 206)

a. *Martin*   *etorri*   *da*
   Martin-C_1 venido   aux
   "Martin vino."

b. *Martin-ek*   *gutun bat*   *bidali*   *du*
   Martin-C_2 carta-C_1 envió   aux
   "Martin envió una carta."

(4) En *a.* aparece la oración del vasco *El hombre ha venido*, mientras que *b.* es la oración *El hombre ha visto al chico*:

a. *Gizon-a-ø*   *etorri*   *da*
   Hombre-ART-ABS.   venido   AUX

"El hombre ha venido."

b. *Gizon-a-k*   *mutil-a- ø*   *ikusi*   *du*
Hombre-ART-ERG.   chico-ART-ABS.   visto   AUX
"El hombre ha visto al chico."
¿Cómo cree que se dirá *El chico ha visto al hombre*? (Escandell, 2011: 206)

(5) Realice una pequeña comparación de la clasificación nominal entre español y chino, y enumere las principales diferencias.

La clasificación nominal en español	La clasificación nominal en chino

Principales diferencias: _____
_____
_____
_____

Capítulo 8
La sintaxis (2)[*]

8.1 Conceptos básicos: estructura interna y funciones gramaticales
- 8.1.1 Categorías sintagmáticas
- 8.1.2 Estructura de constituyentes
- 8.1.3 Funciones gramaticales

8.2 Lectura
- 8.2.1 Bibliografía básica
- 8.2.2 Bibliografía complementaria

8.3 Prácticas y ejercicios

---

[*] La presentación de los términos y conceptos de este capítulo se basa en RAE (2010) y Escandell et al. (2011).

A partir de las unidades léxicas simples, la sintaxis puede articular unidades mayores llamadas grupos, frases o **sintagmas** (语段), que constituyen expansiones o proyecciones de su respectivo **núcleo** (核心). Hoy en día se considera que son estos sintagmas los que realmente desempeñan las funciones sintácticas.

Al combinar los sintagmas podemos obtener las oraciones, en las que los sintagmas no son organizados de manera puramente lineal o plana, sino de modo jerárquico. Es decir, las oraciones tienen estructura interna, una organización que no es directamente observable pero que sin embargo existe. Para explicar los modos por los que se construyen las oraciones, es fundamental distinguir dos tipos de relaciones entre los constituyentes oracionales: las funciones semánticas y sintácticas.

8.1 Conceptos básicos: estructura interna y funciones gramaticales

Las palabras se agrupan para formar unidades mayores, denominadas sintagmas o frases. En muchos casos se recomienda evitar el uso del término "frase", ya que el mismo término puede significar en español "oración". El concepto de sintagma es muy importante en la sintaxis actual, pues es una unidad de análisis intermedia entre las dos que tradicionalmente se reconocen: la palabra y la oración. Los sintagmas pueden desempeñar distintas funciones en la oración y son la categoría relevante para explicar numerosos procesos gramaticales.

8.1.1 Categorías sintagmáticas

Los sintagmas tienen las propiedades de una de las palabras que lo integran, a la que se denomina núcleo. El núcleo es, por lo tanto, el elemento básico del sintagma, que le da sus características sintácticas fundamentales. Así, *el chico de Salamanca* es un **sintagma nominal** (名词语段) que se articula en torno al nombre *chico*, núcleo del sintagma. Técnicamente, se dice que el sintagma nominal es una **proyección** (投射) del núcleo.

Analógicamente, los **sintagmas adjetivales** (形容词语段) expanden un adjetivo, como en *demasiado cansado de esperar*. Los **sintagmas verbales** (动词语段) se construyen en torno a un verbo: *Llego tarde*. Los **sintagmas adverbiales** (副词语段) están constituidos en torno a un adverbio: *muy lejos de ti*. Los **sintagmas proposicionales** (介词语段) se forman en torno a una preposición: *desde su ventana*. Resumimos las diferentes categorías sintagmáticas en la siguiente tabla:

Figura 8.1

Núcleo del sintagma	Categoría sintagmática	Ejemplos
Nombre	Sintagma nominal (SN)	Los libros de Juan, el niño, la idea de que ella llegue tarde, etc.
Adjetivo	Sintagma adjetival (SA)	Muy guapa, constitucional, mero, etc.

tabla continua

Núcleo del sintagma	Categoría sintagmática	Ejemplos
Verbo	Sintagma verbal (SV)	Llegamos tarde, dijo que había llegado tarde, ir, etc.
Adverbio	Sintagma adverbial (SAdv)	Fácilmente, así, bastante lejos del sitio que me recomendaron, etc.
Preposición	Sintagma preposicional (SP)	Desde que te conozco, por la casa, para Alba, desde su ventana, etc.

Fuente: elaboración propia basada en RAE (2010:12) y Escandell et al. (2011:175).

Los sintagmas son estructuras articuladas en torno a su núcleo, que admite diversos modificadores y complementos. Sin embargo, no es obligatorio que los lleven, por lo que pueden constar de una sola palabra, como en *Lo hará Alicia*. Los sintagmas pueden contener otros de su misma clase: *esa carta que me enviaron* (sintagma nominal contenido en otro), *demasiado cansado de esperar* (sintagma adjetival contenido en otro), *muy lejos de ti* (sintagma adverbial contenido en otro), *por entre los álamos* (grupo preposicional contenido en otro). Nótese que en *demasiado cansado de esperar* el adverbio *demasiado* no modifica únicamente a *cansado*, sino al grupo adjetival que *cansado* forma con *de esperar*. Por otra parte, los sintagmas pueden formar parte de otros distintos de los que les dan nombre; por ejemplo, los sintagmas nominales se insertan en los verbales o en los preposicionales: *esperar tiempos mejores*, *durante estos años*.

8.1.2 Estructura de constituyentes

Las oraciones son aparentemente una serie lineal de palabras. La hipótesis más simple es pensar que no tienen estructura, que no hay más organización interna que la que se ve. Es decir, se trata de un tipo de estructura plana. Sin embargo, tal hipótesis es falsa, ya que con un pequeño ejemplo abajo puesto ya podemos demostrar su falsedad. Veamos las dos oraciones parecidas:

Son dos libros de problemas de matemáticas.
Son dos libros de poemas de Luis.

A la primera vista, son dos oraciones muy parecidas. No obstante, con un análisis más detallado, nos damos cuenta de que la organización interna de estas dos series lineales es diferente. En la primera oración, *de matemáticas* es modificador de *los problemas*, y forma con *los problemas* el complemento de *libros*. Es segundo caso es diferente, el sintagma preposicional *de Luis* modifica a *libros de poemas*. Dicho de otra manera, la **estructura de constituyentes** (成分结构) de los dos casos es distinta. Se denomina *constituyente* a cualquier segmento relevante lingüísticamente, y los constituyentes sintácticos básicos son los sintagmas. Podemos utilizar los corchetes para demostrar las diferentes estructuras de constituyentes:

[Son [dos [libros de [problemas [de matemáticas]]]]].

[Son [dos [[libros [de poemas]] de Luis]]].

La disposición diferenciada de los corchetes consigue demostrar las diferentes maneras de organización dentro de las dos oraciones aparentemente muy similares. Este tipo de organización ha comprobado por un lado la falsedad de la hipótesis de que las oraciones son simplemente sumas lineales de palabras y por otro lado la existencia de la jerarquía interna que se encuentra.

8.1.3 Funciones gramaticales

Las funciones que desempeñan los sintagmas pueden distinguirse entre las semánticas y las sintácticas. Se llaman **funciones semánticas** (语义功能) los distintos valores semánticos que toman los argumentos respecto del **predicado** (谓语) que los selecciona. Un predicado como *beber* exige dos argumentos, cada uno de los cuales tiene una función semántica. Uno de ellos es el **agente** (施事), aquel que realiza la acción, es decir, la persona que bebe. El otro se denomina **tema** (受事), el elemento que resulta afectado por el evento denotado por el predicado, es decir, aquello que es bebido. El predicado *gustar* también exige dos argumentos, en este caso, un **experimentante** (感受者) que experimenta la acción y, de nuevo, un tema. En el siguiente cuadro se resumen los papeles semánticos fundamentales:

Figura 8.2

Función semántica	Definición	Ejemplo
Agente	Participante que lleva a cabo la acción.	*Pablo* hizo un pastel.
Tema	Participante afectado por el suceso, es decir, que se altera, desplaza o sufre algún proceso.	Javi devolvió *el libro*.
Experimentante	Participante que percibe o experimenta el suceso.	*Martín* vio una estrella. *Le* gusta ir al cine.
Destinatario (受事对象)	Término o final del movimiento. Participante que recibe el tema.	Teresa envió un correo-e *a Pedro*.
Origen / Fuente (来源地)	Punto de comienzo del movimiento o participante en el que se inicia el proceso.	Marta voló *de París* a Londres.
Meta (目的地)	Destino del movimiento.	Pilar llevó el libro *a la biblioteca*.
Ubicación (方位)	Lugar en el que se produce el evento.	Berta apoyó la taza *en la mesa*.

Fuente: Bosque y Gutiérrez-Rexach (2009: 273).

Además de las relaciones semánticas que se establecen entre los constituyentes de una oración, existe otro tipo de relaciones gramaticales, denominadas **funciones sintácticas** (句法功能), que constituyen unidades de análisis tradicional. Las funciones sintácticas principales son el sujeto, el **complemento directo** (直接补语), el **complemento indirecto** (间接补语), el **complemento de régimen preposicional**

(固定搭配介词补语) y el **complemento circunstancial** (景况补语).

El sujeto es, en español y en otras lenguas lejanas, el sintagma que concuerda con el verbo. En el caso del español, el verbo concuerda con el sujeto en número y persona. Por ejemplo, Juana estaba allí. Le gustan los vinos caros.

El complemento directo es el argumento del verbo que típicamente tiene la función semántica de tema. En español suele aparecer tras el verbo y no precisa una preposición como marca de función (con la excepción de los objetos definidos y animados). Un modo de reconocerlo es sustituirlo por un **pronombre personal átono** (非重读人称代词). Por ejemplo, Pilar vio la película.

El complemento indirecto se reconoce en español porque puede sustituirse por el pronombre átono de dativo y porque lleva la preposición *a*. Por ejemplo, Marta dio un libro a Berta.

El complemento de régimen preposicional es un sintagma preposicional cuya preposición está regida por el verbo. Por ejemplo, Juan piensa en Marta.

Todos los complementos que hemos repasado hasta el momento son complementos argumentales, exigidos semánticamente por el predicado. Los complementos circunstanciales, en cambio, son complementos adjuntos, y por lo tanto, no exigidos por el significado del predicado. Típicamente, el complemento circunstancial denota lugar, tiempo, modo, causa, instrumento, etc., y categorialmente suele ser un sintagma adverbial o un sintagma preposicional o nominal. Por ejemplo, Llovía allí. Vino en tren. El lunes fuimos al cine.

En chino, el orden de las palabras juega un papel importante a la hora de decidir la función sintáctica. Por ejemplo, el sujeto normalmente precede al verbo, el complemento directo va después del verbo transitivo: 我们 (sujeto: nosotros) 看了 (vimos) 一场电影 (complemento directo: una película) [Vimos una película]. En las oraciones con "把", el complemento directo es el que va después de este carácter y el complemento indirecto es el que se encuentra después del carácter "给". Por ejemplo, 我 (yo) 会把钥匙 (complemento directo: la llave) 还 (devolveré) 给胡安娜 (complemento indirecto: a Juana) [Devolveré la llave a Juana].

En resumen, hemos presentado en este apartado dos tipos de funciones, semánticas y sintácticas, es decir, dos tipos de relaciones que se pueden establecer entre un verbo y el resto de los constituyentes de la oración. Se trata de unidades de análisis básicas que contribuyen a explicar cómo se combinan las palabras para formar oraciones.

8.2 Lectura

8.2.1 Bibliografía básica

La gramática del chino para hispanohablantes: el nivel sintáctico
(Adaptación de Cao, 2016a)

En español, los sintagmas nominales (SSNN) definidos están marcados por el artículo definido. De acuerdo con la RAE (2010: 268), los grupos nominales que llevan artículo definido son definidos, puesto que denotan entidades que el hablante supone identificables en un contexto a partir del contenido léxico del sustantivo y de la información que comparte con su interlocutor, denominada información consabida.

En español, con el artículo definido, los conceptos semántica o pragmáticamente definidos están marcados y representados gramaticalmente. En la lengua china no hay artículos; es decir, en esta lengua los conceptos semántica o pragmáticamente definidos no están marcados. En palabras de Lyons (1999: 277), igual que otras categorías gramaticales, la definitud es una categoría gramatical que no se presenta necesariamente en todas las lenguas. Por ejemplo, en la lengua china no existe esta categoría. Sin embargo, hay que tener en cuenta que, a pesar de la ausencia de la representación gramaticalizada de los conceptos definidos en chino, el concepto de definitud sí existe en esta lengua. La pregunta que queda por hacer es: ¿cuáles son los sintagmas nominales que se consideran definidos en chino? Sobre la base de Chen (2004) y Cao (2014a), proponemos tres tipos de instrumentos para expresar la definitud en chino, a saber, léxico, posicional y textual. Resumamos los tres instrumentos para expresar la definitud en lo que sigue:

a. léxico: demostrativos, posesivos, cuantificadores universales, repetición del CLF.Num (clasificador numeral)

b. posicional

c. textual

No prestaremos mucha atención al instrumento léxico, puesto que en español la repetición del CLF.Num se traduce como cuantificador universal anafórico de plural, y los grupos nominales modificados por los demostrativos, posesivos y cuantificadores universales también son definidos. En otras palabras, no se nota en este instrumento la singularidad del chino. El segundo instrumento que expresa la definitud es el posicional. Chen (2004: 1168) propone las siguientes posiciones en chino que tienden a tener lecturas definidas:

a. sujeto

Ejemplo: 汉语很有趣。(chino+muy interesante)

'El chino es muy interesante.'

b. "ba" objeto ("把"字句)

Ejemplo: 她把苹果吃了。(ella+"ba"+manzana+comer+partícula)

'Ella comió la manzana.'

c. complemento pre-verbal

Ejemplo: 电影我们看过了。(película+nosotros+ver+ partícula)

'La película la hemos visto.'

d. primer complemento en las oraciones ditransitivas (双宾语句)

Ejemplo: 安娜问了老师一个问题。(Ana+hacer+ partícula+maestro+pregunta)

'Ana hizo al maestro una pregunta.'

Hay que llamar la atención sobre la palabra "tienden", ya que el mismo autor ha citado en su artículo una larga lista de excepciones que no se corresponden con las tendencias generales arriba puestas. El último recurso lingüístico para expresar la definitud consiste en el instrumento textual o discursivo. Hemos de resaltar la importancia de la toma de la visión textual para analizar la definitud en chino, ya que, al explicar las excepciones que no corresponden con las tendencias que indican los instrumentos posicionales, el mismo Chen (2004) ha señalado la necesidad de tomar un enfoque textual. Veremos ahora un ejemplo de Lyons (1999: 89):

我买了水果了。
(yo+haber comprado+fruta+partícula de afirmación)

Se suele argumentar que el nombre escueto 水果 (shuǐguǒ) (fruta) posverbal en la oración arriba puesta es indefinido, y por lo tanto, la traducción de la oración arriba citada debe ser *He comprado frutas*. En términos generales, este argumento es correcto, puesto que, en contraste con la lectura definida del complemento preverbal en chino, la interpretación de un nombre posverbal tiende a ser indefinida. No obstante, si insertamos esta oración en un contexto determinado, el mismo nombre puede adquirir definitud. Por ejemplo:

女儿指着桌上的葡萄对妈妈说："我买了水果了。您尝尝吧。"
La hija dijo a su madre indicando las uvas en la mesa: "He comprado las frutas. Pruébelas."

Al insertarse en el contexto, el nombre escueto 水果 (shuǐguǒ) (fruta) posverbal adquiere una lectura definida refiriéndose a las uvas que ha comprado la hija. En otras palabras, en este caso es el contexto el que decide la definitud. Por eso, sostenemos la opinión de que, sin tener en cuenta los factores contextuales, se puede afirmar que los nombres escuetos definidos suelen ocupar la posición preverbal, y los indefinidos, posverbal. No obstante, al situarse en un contexto determinado, la lectura definida o indefinida de los nombres será decidida por tal contexto.

8.2.2 Bibliografía complementaria

[1] CHEN Ping, 2004. Identifiability and definiteness in Chinese[J]. Linguistics, 42(6): 1129-1184.

[2] LYONS C, 1999. Definiteness[M]. Cambridge: Cambridge University Press.

[3] MORENO J C, 1991a. Curso universitario de lingüística general. Tomo I: Teoría de la gramática y sintaxis general[M]. Madrid: Síntesis.

[4] XU Yulong, 1992. Introducción a la lingüística contrastiva[M]. Shanghai: Editorial de Educación de Lenguas Extranjeras de Shanghai.

8.3 Prácticas y ejercicios

Comparación del orden de núcleo y complemento

Uno de los factores de variación sintáctica más estudiados es el orden relativo de núcleo y complemento en distintas lenguas, que afecta a la organización de los constituyentes oracionales. Hay lenguas que presentan un orden núcleo-complemento, como el español, el inglés o el suahili. Así, en el sintagma verbal *comer pan* el núcleo *comer* se sitúa a la izquierda de su complemento, el SN *pan*, y en el sintagma preposicional *de mi casa*, el núcleo *de* precede al complemento *mi casa*.

Sin embargo, en muchas otras lenguas del mundo, como el hindi, el vasco, el quechua o el japonés, el orden es el inverso: complemento-núcleo. En estas lenguas no hay preposiciones, como en español, sino posposiciones. Es decir, el sintagma nominal que constituye el complemento de la preposición precede a la preposición, con lo que esta aparece pospuesta. Este factor de variación interlingüística se denomina el parámetro núcleo-complemento.

Construcción de la estructura de constituyentes

Hemos explicado que las estructuras que se hallan en las oraciones no son planas, lo cual implica que los sintagmas participan en los procesos sintácticos de una manera jerárquica. Tomemos la oración *Mis amigos leyeron el libro* como ejemplo. En primer lugar, esta oración puede ser segmentada en tres sintagmas: *mis amigos*, *leyeron* y *el libro*. Si continuamos segmentando, el primer sintagma nominal lo podemos dividir en *mis* y *amigos*, mientras que el último lo podemos segmentar en *el* y *libro*. Mientras que realizamos este tipo de operación segmentaria, logramos construir y plasmar la estructura de constituyentes:

Figura 8.3

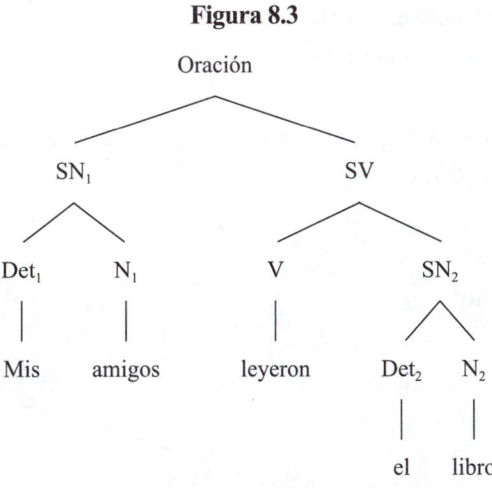

Fuente: elaboración propia.

Esta manera de representar la estructura de las oraciones se denomina árbol sintáctico. La misma información puede ser plasmada mediante una representación lineal con corchetes:

[[Mis amigos] [leyeron [el libro]]]

Tanto el árbol sintáctico como la representación con corchetes nos demuestran de manera clara la estructura interna por la que se organizan las palabras en los procesos sintácticos.

Cuestionario

(1) ¿Cuál es la sujeto de la oración *Nos enseñaron las fotos del viaje los amigos de Luis*?
    a. Luis   b. amigos   c. los amigos de Luis
    d. viaje   e. fotos   f. las fotos del viaje

(2) ¿Cuales son los complementos subrayados desde la perspectiva de la función sintáctica?
Mi vida estaba centrada en la empresa, casi no tenía vida propia.
Organizaremos diversas actividades en la empresa.

(3) Utilice los corchetes y plasme la estructura de constituyentes de las siguientes oraciones.
Modelo:
    [Son [dos [libros de [problemas [de matemáticas]]]]].
    [Son [dos [[libros [de poemas]] de Luis]]].
Aumentan las compras por internet.
Suelen hacer compras por internet.

(4) ¿Qué funciones semánticas y sintácticas realizan los siguientes sintagmas subrayados?
Nos gusta viajar por el sur de España.
Gustó el vino y le pareció excelente.
Luisa ha prometido venir a la fiesta.

(5) Observe los siguientes sintagmas del hindi y diga ¿cuál es el orden núcleo-complemento en esta lengua? (Escandell et al., 2011: 176)
    Wah pillaa caahnaa
    Ese cachorrito querer
    'querer ese cachorrito'

    Ghar mẽẽ
    casa en
    'en casa'

(6) Complete el siguiente árbol sintáctico:
Nuestros vecinos decoraron el jardín.

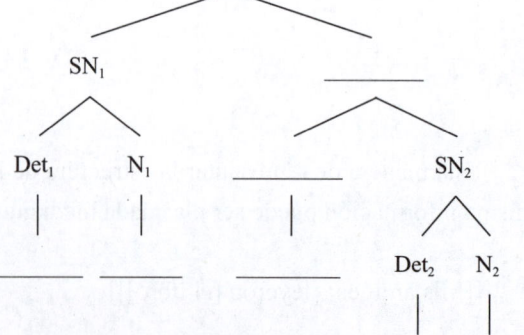

Capítulo 9
La semántica (1)*

9.1 Conceptos básicos: la semántica léxica
    9.1.1 Significado léxico
    9.1.2 Relaciones de significado
    9.1.3 El problema de la relatividad lingüística

9.2 Lectura
    9.2.1 Bibliografía básica
    9.2.2 Bibliografía complementaria

9.3 Prácticas y ejercicios

---

* La presentación de los términos y conceptos de este capítulo se basa en Escandell et al. (2011).

La semántica es el estudio científico del significado lingüístico, expresado por medio de las unidades simples y de sus combinaciones. Se puede clasificar en la semántica léxica, que se ocupa de caracterizar el significado de las palabras con contenido léxico, y la semántica composicional, que se centra en explicar el significado gramatical, tanto de las expresiones simples como de las complejas; es decir, se ocupa de cómo contribuyen a la interpretación las expresiones con contenido gramatical, la estructura y las relaciones sintácticas.

Figura 9.1 Clasificación de la semántica

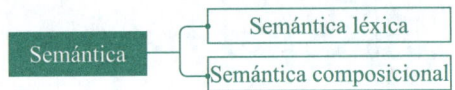

Fuente: elaboración propia basada en Escandell (2011: 211).

Los principales objetivos de la semántica son caracterizar de manera científica el significado de las expresiones lingüísticas; dar cuenta de las relaciones que mantienen las expresiones en virtud de su significado; explicar la ambigüedad; caracterizar los diferentes tipos de significado; explicar la variación contextual del significado y explicar cómo surgen nuevos significados.

9.1 Conceptos básicos: la semántica léxica

Los objetos de estudio de la semántica léxica y la composicional son diferentes. La semántica léxica tiene como objeto de estudio el **significado léxico** (词汇意义) mientras que la semántica composicional se centra en el **significado gramatical** (语法意义). El significado léxico y el gramatical poseen características diferenciadas, las cuales las iremos explicando en estos apartados.

9.1.1 Significado léxico

Cuando pensamos en el significado de las palabras, la idea que viene a la mente es la del significado de sustantivos, verbos o adjetivos (es decir, de las categorías léxicas, mayores o de contenido): son palabras que remiten a conceptos (a partir de los cuales es posible identificar entidades reales o imaginarias, actividades y estados, o propiedades). De estas palabras se dice que tienen significado léxico. Las unidades con significado léxico reúnen una serie de características que las identifican:

En primer lugar, forman clases abiertas (es decir, clases en las que es posible incorporar nuevos miembros o descartar otros) con relativa facilidad. El léxico de una lengua experimenta modificaciones con relativa rapidez y facilidad. Constantemente estamos incorporando nuevas palabras a nuestro caudal léxico, mientras que otras pueden ir cayendo en desuso y desapareciendo.

En segundo lugar, poseen contenido descriptivo. Esto significa que permiten identificar tipos de entidades, propiedades, procesos y estados, y se conectan con **conocimiento enciclopédico** (百科知识) (esto es, con el conocimiento general sobre las cosas).

En tercer lugar, se ligan a representaciones conceptuales accesibles a la introspección. Si un hablante sabe usar una palabra, también puede caracterizar, de manera más o menos precisa, el significado de dicha palabra en términos conceptuales.

9.1.2 Relaciones de significado

Una de las propiedades más notables del léxico de una lengua es que las palabras no son complemente independientes entre sí, sino que están conectadas por diferentes tipos de relaciones. Por ejemplo, cualquier hablante de español es consciente de que "cárcel" y "prisión" significan lo mismo, de modo que se puede establecer una relación de identidad o **sinonimia** (近义). Hay palabras o expresiones que remiten al mismo referente y se denominan **correferenciales** (同指的). Por ejemplo, "el Real Madrid" y "el equipo merengue".

En cuanto a las relaciones de significado, otros dos términos que aparecen con frecuencia son **hiperónimo** (上义词) e **hipónimo** (下义词). Por ejemplo, la palabra "flor" es el hiperónimo de "rosa", ya que la rosa es un tipo de flor. Otros términos que comparten el significado de flor (como clavel, camelia, orquídea, margarita, tulipán...) son entre sí co-hipónimos.

Hay asimismo una relación de inclusión entre "bicicleta" y "manillar". Sin embargo, esta es una relación diferente de la anterior, ya que el manillar no es un tipo de bicicleta. En este caso, la palabra que designa el todo, es decir, la "bicicleta" recibe el nombre de **holónimo** (整体词) y la que indica la parte es un **merónimo** (部分词).

Por último, solemos notar que entre los significados hay una relación de oposición. Estas relaciones suelen englobarse también bajo la denominación de **antonimia** (反义). Por ejemplo, "alto-bajo", "vivo-muerto", "entrar-salir", "comprar-vender". Hay que tener en cuenta que aunque expresan significados opuestos, estas palabras siempre comparten cierto rasgo común, tanto "alto" como "bajo" se refieren a los extremos opuestos de una misma escala: la altura.

9.1.3 El problema de la relatividad lingüística

Las lenguas pueden diferir entre sí muy notablemente con respecto al número de distinciones que establecen en el espectro conceptual. Un caso prototípico es el de los nombres de las relaciones de parentesco. Por ejemplo, en español, la palabra "tío" puede referirse indistintamente al hermano del padre, al hermano de la madre, al cónyuge de la hermana del padre o al cónyuge de la hermana de la madre; y no hay tampoco diferencia entre la denominación que se da a los primos, según sean hijos del hermano del padre, de la hermana del padre, del hermano de la madre o de la hermana de la madre... En chino, en cambio, todas estas distinciones estaban lexicalizadas: los tíos reciben nombres diferentes no solo según su sexo, sin también dependiendo de si son familiares por parte del padre o de la madre; y los primos se distinguen fundamentalmente según este mismo criterio. En contraste con ello, en otras lenguas, como el hawaiano, las diferencias lexicalizadas son mucho menos y están basadas solo en el sexo y en la generación.

Estas diferencias ponen de manifiesto que cada lengua lexicaliza los conceptos no simplemente en función de las diferencias reconocibles en la realidad, sino según los criterios que resultan más significativos para su cultura. Las diferencias observables en el modo en que cada lengua segmenta la realidad llevaron a algunos investigadores a establecer la existencia de conexiones muy sólidas entre lengua y pensamiento, y plantear la hipótesis de la relatividad lingüística. De acuerdo con la versión radical de esta hipótesis, la lengua determina la visión del mundo y condiciona por completo el pensamiento de sus hablantes. En la versión más moderada de la hipótesis, la correlación entre lengua y pensamiento se presenta de manera menos estricta: la lengua influye en el pensamiento, pero las capacidades cognitivas son en parte independientes de las formulaciones lingüísticas. Hoy en día la mayoría de los investigadores aceptan la versión débil de esta hipótesis.

9.2 Lectura

9.2.1 Bibliografía básica

Las relaciones de significado y la ánfora
(Adaptación de Cao, 2016b)

En un análisis del discurso (el cuento de Horacio Quiroga titulado *Las medias de los flamencos*) que hizo Iturrioz (1996), entre 160 sintagmas nominales definidos (SSNN), se registran 126 SSNN anafóricos (79%) concentrados en siete ámbitos referenciales; el 64% de todas las ocurrencias de SSNN definidos (102 entre 160) pertenece al ámbito referencial de los dos referentes más tópicos del discurso: los flamencos y las víboras. Veamos la siguiente tabla:

SSNN anafóricos (Total 126):
— Los flamencos 31, las patas de los flamencos 13, la nariz 1, las medias 10. (Total 55)
— Las víboras 15, las víboras de coral 13, las víboras coloradas 1, las más espléndidas de todas 1, las verdes 1, las amarillas 1, las yararás 2, el color 2, la punta de la cola 1, el traje de todas 1, el traje de las víboras de coral 2, los cueros 2, la lengua 2, la vista 1, el veneno 2. (Total 47)
— Los pescados 5, la cola 1. (Total 6)
— Los sapos 2, todo el cuerpo 1. (Total 3)
— Las ranas 2, todo el cuerpo 1. (Total 3)
— Los yacares 2, el pescuezo 1. (Total 3)
— El río 3, la arena 1, la orilla 3, el agua 2. (Total 9)

En los 126 SSNN anafóricos arriba puestos, 47 son de anáfora asociativa:

SSNN anafóricos asociativos (Total 47):
— Los flamencos: las patas de los flamencos 13, la nariz 1, las medias 10. (Total 24)
— Las víboras: el color 2, la punta de la cola 1, el traje de todas 1, el traje de las víboras de coral 2, los cueros 2, la lengua 2, la vista 1, el veneno 2. (Total 13)
— Los pescados: la cola 1. (Total 1)
— Los sapos: todo el cuerpo 1. (Total 1)

— Las ranas: todo el cuerpo 1. (Total 1)
— Los yacares: el pescuezo 1. (Total 1)
— El río 3: la arena 1, la orilla 3, el agua 2. (Total 6)

Los artículos en la anáfora asociativa permiten que sea posible referirse a una parte de un todo referencial anteriormente ya mencionado. El establecimiento de las relaciones contextuales entre una parte y un todo ya identificado es muy importante para la constitución del discurso (Iturrioz, 1996: 370):

"Otra buena parte de los SSNN determinados deben su identidad o constancia referencial al hecho de que designan una parte de un todo ya identificado, incluyendo piezas de vestir así como cualidades o estados internos de los referentes más sobresalientes del texto; de manera a veces explícita, pero las más de las veces de manera implícita, es decir sin que haya una dependencia sintáctica directa e inmediata, aquellos funcionan como determinantes de éstos. Así, en todos los casos *las patas* designa las patas de los flamencos, aunque en todos los casos menos en uno, a saber el título, aparezca en la forma no poseída: el establecimiento de estas relaciones contextuales (casi siempre supraoracionales) que contribuyen a llevar a cabo esta identificación del SN determinante o poseedor son parte sustancial de la constitución del texto."

En chino, encontramos una situación similar. A lo largo del discurso, se encuentran numerosos SSNN anafóricos. Estos mantienen la continuidad referencial, y de este modo, contribuyen a la coherencia discursiva. Veamos un pequeño fragmento de *El viejo y el mar*:

老人(lǎorén, 'el viejo') 消瘦而憔悴，脖颈(bógěng, 'cuello') 上有些很深的皱纹。腮帮(sāibāng, 'meji-lla') 上有些褐斑(xiē hèbān, 'unas pardas manchas') ('en las mejillas hay unas pardas manchas')，那是太阳在海面上反射的光所引起的良性皮肤癌变。褐斑 (hèbān, 'pardas manchas')从他脸的两侧一直蔓延下去，……

(El viejo era flaco y desgarbado, con arrugas profundas en la parte posterior del cuello. Las pardas manchas del benigno cáncer de la piel que el sol produce con sus reflejos en el mar tropical, estaban en sus mejillas. Estas pecas corrían por los lados de su cara hasta bastante abajo, […])

En el texto arriba puesto, los nombres escuetos 脖颈 (bógěng, 'cuello') y 腮帮 (sāibāng, 'meji-lla') son anafóricos asociativos con el referente tópico: el viejo. La relación asociativa que se establece está construida sobre el supuesto compartido por el emisor y el lector de que el cuello y las mejillas constituyen una parte del viejo. Es la relación asociativa lo que permite referirse por medio de un nombre escueto al cuello y a las mejillas del viejo ya mencionado, sin necesidad de recurrir a una descripción más detallada. El otro nombre escueto 褐斑 (hèbān, 'pardas manchas') remite anafóricamente a las pardas manchas que se encuentran en las mejillas del viejo. El uso combinado de la anáfora directa y la anáfora asociativa contribuye a la coherencia del discurso, y además, permite que el autor introduzca al protagonista de una manera gradual: primero presenta al viejo; y luego, con un foco más cercano, describe su cuello y las mejillas; más tarde, se fija en las pardas manchas que están en sus mejillas. Poco a poco, el autor logra construir con detalles la imagen del viejo.

Nos hemos dado cuenta de que en los ejemplos arriba citados, tanto en chino como en español la relación que se establece entre los antecedentes y las expresiones anafóricas son del tipo "inclusión". Veamos los siguientes esquemas:

Figura 9.2

Holónimo	flamenco
Merónimo	pata, nariz, medias

Holónimo	rana
Merónimo	cuerpo

Holónimo	víbora
Merónimo	cola, traje, cuero, lengua, vista, veneno

Holónimo	yacaré
Merónimo	pescuezo

Holónimo	pescado
Merónimo	cola

Holónimo	río
Merónimo	arena, orilla, agua

Holónimo	sapo
Merónimo	cuerpo

Holónimo	老人
Merónimo	脖颈, 腮帮, 褐斑

Fuente: elaboración propia.

Como se puede observar, en los casos anafóricos asociativos se da una interacción interesante entre la semántica y la sintaxis. Y precisamente es este tipo de interacción contribuye al mantenimiento de los referentes e introduce de manera coherente sus partes constituyentes.

9.2.2 Bibliografía complementaria

[1] CRUSE A, 2000. Meaning in Language: An Introduction to Semantics and Pragmatics[M]. Oxford: Oxford University Press.

[2] ESCANDELL M, 2007a. Apuntes de semántica léxica[M]. Madrid: UNED.

[3] LU Jingsheng, 1988. Las relaciones de significado en la sustitución en español[J]. Lenguas extranjeras(1): 70-73.

[4] SAEED J, 1997. Semantics[M]. Oxford: Blackwell.

9.3 Prácticas y ejercicios

Análisis del significado léxico

En el significado hay componentes menores, que pueden identificarse a veces con relativa facilidad, y que aparecen en diferentes combinaciones. Estos componentes pueden entenderse como rasgos a la manera de los que se emplean en la fonética y la fonología. Veamos las siguientes cuatro líneas de palabras en chino:

1. 女孩, 女人, 母亲, 姐姐, 阿姨
2. 男孩, 男人, 父亲, 哥哥, 叔叔

Al observar estas palabras, es fácil notar que las dos líneas comparten el rasgo [+humano]. La diferencia de las dos líneas consiste en el rasgo [+sexo femenino]. A veces, los rasgos que se encuentran son más abstractos y en consecuencia, son más difíciles de identificarse. Por ejemplo, veamos las siguientes palabras:

3. Lápiz, maceta, casa, revista, pulsera, dedo
4. Leche, oro, aire, felicidad

Nos resulta un poco difícil encontrar el rasgo común entre estas líneas de palabras, ya que se trata de un rasgo de naturaleza abstracta: las palabras de la tercera línea son contables mientras que las de la cuarta son no contables. Estos ejemplos han mostrado que es posible analizar el significado en rasgos menores y más abstractos.

Identificación de las relaciones de significado

Las ventajas que se obtienen al adoptar el enfoque del rasgo son numerosas, y una de ellas es poder explicar de manera fundamental muchas relaciones de significado en el léxico, las semejanzas parciales y también las diferencias.

Tomemos los antónimos como ejemplo. Aunque las palabras antónimas cuentan con significado opuesto, deben compartir cierto rasgo. Por ejemplo, las palabras "caliente" y "frío" expresan ambas el estado de la temperatura, y lo que varía es la dimensión significativa. Es decir, no podrán ser antónimas las palabras que no compartan ningún rasgo común.

La relación que se da entre los holónimos y merónimos es la de "parte y todo". Retomemos el ejemplo de la bicicleta como ejemplo. Es obvio que el "manillar", las "ruedas", los "frenos" y los "pedales" constituyen componentes indispensables con los que se montan las bicicletas. Los hipónimos son un tipo de hiperónimos, y la relación que se establece es inclusión. Por ejemplo, la "silla" es el hipónimo mientras que el "mueble" es el hiperónimo, ya que es sabido de todos que la silla es un tipo de mueble. Se trata de una relación de "ser un tipo de".

Los sinónimos comparten un número mayor o menor de rasgos. Por ejemplo, las palabras "esposo" y "marido" comparten todos sus rasgos básicos y significan lo mismo. A diferencia de ello, las palabras correferenciales remiten al mismo referente que se encuentra en el mundo real. Por ejemplo, "Madrid" y "la capital de España".

En la Universidad de Princeton se ha desarrollado un proyecto para elaborar un diccionario electrónico en el que las palabras se definen en función de las relaciones de sus significados: sinonimia, antonimia, hiponimia o hiperonimia. Por ejemplo, al buscar la palabra "casa", se encontrarán, entre otra información, relaciones como las siguientes:

Sinónimos: domicilio, morada, piso, residencia, vivienda

Merónimos: salón, comedor, dormitorio, cocina, baño

Hiperónimos: vivienda, construcción, estructura, artefacto

Este tipo de diccionario es muy interesante y facilita el aprendizaje del vocabulario mediante la construcción de las relaciones de significado entre las diversas palabras.

Cuestionario

(1) ¿Qué es semántica? Y ¿cuáles son las principales tareas del estudio de la semántica?

(2) Complete el esquema con las siguientes palabras:

ventana, puerta, terraza, casa, balcón, jardín

Holónimo	
Merónimo	

(3) Complete el esquema con las siguientes palabras:

mesa, silla, cama, mueble, escritorio, sofá, hiperónimo

Hipónimo	

(4) Explique las relaciones que se dan entre las siguientes palabras (Adaptación de Escandell, 2011: 240):

Joven–Viejo: Coche–Carro:

Flor–Rosa: Hermoso–Bello:

Camisa–Ropa: Beijing–la capital de China:

Mozo–Chico: Gordo–Delgado:

(5) Las regiones polares establecen distinciones más finas que otras partes del mundo en cuanto a los tipos de nieve. Por ejemplo, en la lengua de los esquimales, se distingue, entre otras, "qanik" (nieve que cae), "piqsirpoq" (nieve que vuela), "apud" (nieve en el suelo). Otro ejemplo bien conocido es el que tiene que ver con las partes del cuerpo. Un tercio de las lenguas no lexicaliza la distinción entre "brazo" y "mano", y hay muchas lenguas que no tienen términos diferentes para "mano" y "dedo". ¿Qué reflejan estos ejemplos? (Adaptación de Escandell, 2011: 228)

Capítulo 10
La semántica (2)*

10.1 Conceptos básicos: la semántica composicional
    10.1.1 Infinitud de las expresiones complejas
    10.1.2 Relaciones entre las expresiones complejas
    10.1.3 Estrategias de la semántica composicional

10.2 Lectura
    10.2.1 Bibliografía básica
    10.2.2 Bibliografía complementaria

10.3 Prácticas y ejercicios

---

* La presentación de los términos y conceptos de este capítulo se basa en Escandell et al. (2011).

La semántica composicional se centra en explicar el significado gramatical, tanto de las expresiones simples como de las complejas; es decir, se ocupa de cómo contribuyen a la interpretación las expresiones con contenido gramatical, la estructura y las relaciones sintácticas.

Figura 10.1 Comparación de la semántica léxica y la composicional

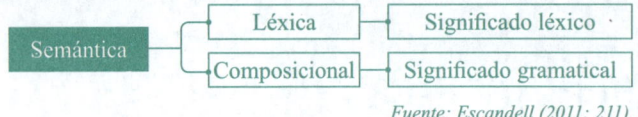

Fuente: Escandell (2011: 211).

Como hemos comentado con anterioridad, la diferencia entre la semántica léxica y la composicional consiste en el objeto de estudio. El primero toma por objeto de estudio el significado léxico mientras que el último analiza el significado gramatical.

10.1 Conceptos básicos: la semántica composicional

El principal reto de la semántica composicional es encontrar un modo de dar cuenta de la infinitud que deriva de la productividad y la recursividad, es decir, de la capacidad de los hablantes de producir e interpretar un número potencialmente infinito de expresiones complejas. Las estrategias de la semántica composicional para afrontar este reto son dos: la adopción del principio de composicionalidad y la utilización como metalenguaje de un lenguaje formal específico del ámbito de la lógica y las matemáticas.

10.1.1 Infinitud de las expresiones complejas

La productividad es un rasgo característico de las lenguas humanas, que permite distinguirlas con claridad de otros medios de transmisión de información del mundo natural. El resultado es que las lenguas no conocen límites teóricos a las expresiones que se pueden formar de acuerdo con las reglas de la gramática. Ningún corpus de datos, por extenso que sea, podrá nunca abarcar y contener la totalidad de las expresiones de una lengua: estas no se reducen a la acumulación de todas las secuencias ya producidas; siempre será posible producir una secuencia más, y ello gracias precisamente a las virtualidades de la propia lengua. La novedad, la longitud o la complejidad interna de las expresiones no constituyen, sin embargo, un obstáculo para los hablantes: somos capaces de asignar una interpretación semántica a cualquier expresión de nuestra lengua, siempre que conozcamos los significados de las unidades simples que la componen. El desafío está, pues, en encontrar un modo adecuado de dar cuenta del significado de un conjunto de expresiones complejas que resulta ser infinito.

10.1.2 Relaciones entre las expresiones complejas

Las relaciones entre las expresiones complejas son parecidas a las que hemos caracterizado entre las unidades léxicas: relaciones de identidad, inclusión, oposición, etc. Estas relaciones reciben denominaciones específicas en el caso de las **proposiciones** (命题) (es decir, de los contenidos semánticos de las oraciones enunciativas).

La relación de equivalencia se conoce como **paráfrasis** (释义). El criterio para identificar la equivalencia es muy simple: dos proposiciones son equivalentes (o son paráfrasis una de otra) cuando ambas son verdaderas en las mismas situaciones.

Las relaciones de inclusión se producen cuando la verdad de una proposición necesariamente supone la verdad de otra. Por ejemplo, al afirmar *El cazador mató al tigre* estamos afirmando también *El tigre está muerto*; dicho en otros términos, la verdad de la primera proposición implica lógicamente la de la segunda: la relación entre ambas es la de **implicación lógica** (逻辑蕴含) o **extrañamiento** (蕴含).

En los casos en los que una implicación lógica lo es tanto de una proposición como de su negativa correspondiente se dice que la relación es de **presuposición** (预设). Por ejemplo, *Juan ha dejado de fumar* implica lógicamente que *Juan fumaba*. Lo curioso es esta relación estriba en que la implicación también se da con respecto a la expresión negativa. Es decir, *Juan no ha dejado de fumar* también implica lógicamente que *Juan fumaba*.

Las relaciones de oposición son también variadas y dependen en gran medida de las propiedades de los elementos léxicos que las integran. Se denominan **contrarias** (对立的) las proposiciones que no pueden ser verdaderas a la vez, pero sí pueden ser ambas falsas, como *Mi coche es negro* y *Mi coche es rojo*: si una de ellas es cierta, entonces la otra será falsa; pero si mi coche es azul, serán falsas ambas. Se denomina **contradictorias** (矛盾的), en cambio, a las que no admiten una tercera posibilidad: si cuando nace un bebé se dice *Ha sido una niña*, se excluye la posibilidad de que haya sido niño, y viceversa, sin posibilidad de otras opciones.

10.1.3 Estrategias de la semántica composicional

Como hemos comentado en los apartados anteriores, las estrategias de la semántica composicional para resolver el problema de la infinitud de las expresiones complejas son básicamente dos: la adopción del principio de composicionalidad y la utilización como metalenguaje de un lenguaje formal específico del ámbito de la lógica y las matemáticas.

El principio de composicionalidad se atribuye al filósofo y matemático alemán Gottlob Frege y su formulación es muy simple: "El significado de una expresión compleja es una función del significado de las unidades simples que la componen y del tipo de relación sintáctica que entre ellas se establece."

Este principio constituye una generalización sobre la manera regular y sistemática de construir el significado de las expresiones complejas, y hace posible la búsqueda de los mecanismos que sirven de base a la explicación de los fenómenos. De este modo, permite entender la tarea de la semántica composicional como la identificación de los patrones sistemáticos de combinación de los significados representados por la sintaxis y las unidades de contenido gramatical.

La otra estrategia que suele emplear la semántica composicional es la adopción de un enfoque formal. Un lenguaje formal es una lengua artificial plenamente explicitado en todos sus aspectos: tiene un vocabulario definido, formado por un conjunto limitado de símbolos simples; consta también de un conjunto de reglas sintácticas que establecen cuáles son las combinaciones de símbolos permitidas;

y tiene, finalmente, una semántica que asigna una interpretación inequívoca a todas y cada una de las expresiones producidas por la sintaxis. Los lenguajes formales constituyen un medio económico, eficaz y no ambiguo para transmitir de manera precisa y objetiva una gran cantidad de información.

10.2 Lectura

10.2.1 Bibliografía básica

Diferencias semánticas y sintácticas entre relativas especificativas y explicativas
(Adaptación de RAE, 2010: 846)

Las relativas específicas son modificadores que precisan la denotación del grupo nominal del que forman parte, mientras que las explicativas son modificadores que se agregan a modo de incisos y son menos dependientes de su antecedente que las primeras. Como consecuencia de ello, se pueden omitir a menudo sin que resulten afectadas las condiciones de verdad del resto del enunciado. Así, si es verdadero el enunciado *Ayer solo salió un tren, que transportaba mineral*, también lo será *Ayer solo salió un tren*. En cambio, la supresión de la relativa especificativa en la oración *Ayer solo salió un tren que transportaba mineral* altera las condiciones de verdad del enunciado, ya que este es compatible con una situación en la que se haya producido en la misma fecha la salida de otros trenes, siempre que no transportaran mineral.

A la vista del distinto nivel de incidencia de los dos tipos de relativas, se suelen diferenciar los antecedentes de unas y otras: en el caso de las explicativas, el antecedente está constituido por todo el grupo nominal precedente, mientras que el de las especificativas incluye el núcleo y sus complementos, pero no los determinantes y los cuantificadores. La relativa restrictiva queda, pues, bajo el ámbito de los cuantificadores numerales, mientras que la explicativa queda fuera de él. Esta diferencia sintáctica tiene consecuencias semánticas. En efecto, cuando se dice *Al acto asistieron cuatro embajadores que representaban a los países de la Unión Europea*, no se está afirmando que el número de embajadores presentes en el acto fuera *cuatro*, sino que ese número corresponde al de los que representaban a la Unión Europea. Por el contrario, con una subordinada explicativa, *Al acto asistieron cuatro embajadores, que representaban a los países de la Unión Europea*, se indicaría que fueron solo *cuatro* los embajadores presentes en el acto, a lo que se añade que todos ellos pertenecían a los países de la Unión Europea.

Las oraciones especificativas son incompatibles con los pronombres personales (**ella que tiene 23 años*) y con los nombres propios (**Mónica que tiene 23 años*), puesto que ambas unidades coinciden en designar de manera unívoca entidades individuales. Los nombres propios construidos con artículo se asimilan a los comunes, por lo que es esperable que admitan las relativas especificativas: *el Octavio Paz que más me gusta*, *una Isabel que sorprendió a todos*, *la Argentina que ganó la copa del mundo de fútbol en 1978*. En el español europeo y en el de algunos países americanos las relativas especificativas son incompatibles con los posesivos prenominales: **su prima que vive en Buenos Aires* (frente a *su prima, que vive en Buenos Aires*, con explicativa).

Solo las relativas explicativas admiten antecedentes oracionales. Estas oraciones incorporan el contenido de la oración principal para convertirlo en argumento o adjunto de la subordinada. Los relativos que introducen esta subclase de relativas son el pronombre *que*, los pronombres complejos *lo cual* y *lo que*, así como el adverbio relativo *como*:

Doña Matilde disparó sobre mí una descarga cerrada de preguntas acerca de las particularidades de mi viaje y de las tierras que había visto, a lo que yo contesté [...] (Fernández Lizardi, *Quijotita*); Me lo agradecía de antemano, dándome unos besos pegajosos, lo cual me ahogaba de asco y de sorpresa (Mujica Lainez, *Escarabajo*); La novia tuvo que prescindir de algunas cosas, que fue lo que creó cierto desasosiego entre los invitados de la vieja guardia y rabia casi explícita en mamá Inés (Moreno-Durán, *Diana*).

Las relativas especificativas y explicativas se diferencian en su comportamiento con los relativos complejos formados con *que* y *cual* y con los pronombres *quien* y *quienes*. Las relativas especificativas admiten estos relativos solo si están precedidos de preposición, como en *el abogado con quien trabaja, la pared contra la cual chocó, la reunión de la que te hablé*, pero los rechazan cuando aparecen sin ella. Las explicativas pueden formarse, en cambio, con los relativos *cual* y *quien* sin preposición: *La soledad y el silencio de aquel sitio aumentaron la zozobra que se había apoderado de Nata, quien llegó a hacer dúo a la paloma con un lamento ahogado* (Acevedo, *Nativa*); *Fundó en 1954 la religión conocida con el nombre de Church of Scientology (Iglesia de la Cientologia), la cual, a pesar de ser muy controvertida, en pocos años se convirtió en un negocio multimillonario* (*Tiempo* [Col.] 2/1/1990).

Las relativas especificativas pueden construirse con el verbo en infinitivo, como en *Busco una persona en la {que ~ cual} confiar*, o en subjuntivo, como en *Hace tiempo que no veo una película que me guste de verdad* (se subraya en ambos casos el elemento externo a la oración que induce la presencia del subjuntivo o el infinitivo). Al constituir incisos oracionales, las explicativas quedan fuera del ámbito de tales inductores y se construyen en indicativo, a menos que el inductor del subjuntivo sea interno a la oración de relativo, como ocurre en *Bien lo comprenderá cuando le pasen las tristezas, que ojalá sea pronto* (Galdós, *Fortunata*), o en *Solo podía oponerle mi afán por comprender, participando a la cabeza neutral, casi siempre ausente, del muchacho Seoane, que tal vez fuera mi hijo* (Onetti, *Viento*). Cabe añadir las fórmulas modales desiderativas, que se forman con subjuntivo no inducido ni seleccionado por otra expresión: *Este, mi señor don Merlín, que Dios guarde y San Jorge, es mi mandado* (Cunqueiro, *Merlín*).

La lengua tiende a rechazar la acumulación de relativas especificativas no coordinadas referidas a un mismo antecedente, como en **el libro que leí que me encantó*. Esta disposición resulta menos forzada si las relativas son explicativas: *Aquel libro, que parecía insignificante, que casi nadie había leído, iba a cambiar mi vida*. Son características de las narraciones las llamadas explicativas de sucesión. En estas oraciones se aporta información que completa la presentación de hechos, situaciones o propiedades, con frecuencia conectados por locuciones como *a su vez, por su parte* o *en fin*. Estas oraciones se ajustan en lo fundamental al patrón de las enumeraciones, lo que permite a menudo conmutar el relativo por un demostrativo precedido de la conjunción copulativa (*... y esta, a su vez, lo redistribuía...*), e incluso acentuar su independencia fónica, como en los textos que siguen:

Comenzaron a sonar los primeros acordes del *Danubio azul*. El cual se diluyó a poco andar, como una locomotora que se hubiera quedado repentinamente sin fuerzas (Collyer, *Habitante*); Entretanto la Regenta era la de Ozores. La cual siempre había sido hija de confesión de don Cayetano, [...] (Clarín, *Regenta*).

Estas construcciones se ubican en la frontera entre las oraciones subordinadas y las independientes. Aun así, conservan ciertas características de la subordinación relativa: la dependencia léxica de un antecedente, la colocación del elemento relativo al frente de la construcción y el funcionamiento de este como argumento o adjunto de la subordinada.

10.2.2 Bibliografía complementaria

[1] ESCANDELL M, 2007b. Fundamentos de semántica composicional[M]. Madrid: UNED.

[2] GARRIDO J, 1988. Lógica y lingüística[M]. Madrid: Síntesis.

[3] GUTIÉRREZ S, 1989. Introducción a la semántica funcional[M]. Madrid: Síntesis.

[4] LYONS J, 1997. Semántica lingüística: Una introducción[M]. Barcelona: Paidós Ibérica.

10.3 Prácticas y ejercicios

Identificación de las relaciones entre las expresiones complejas

Como hemos comentado con anterioridad, las relaciones básicas establecidas entre las expresiones complejas son equivalencia, inclusión y oposición. En el siguiente esquema se recogen estas relaciones.

Figura 10.2

Equivalencia	- Paráfrasis: p=q
Inclusión	- Implicación lógica: p⇒q
	- Presuposición: p⇒q y no-p⇒q
Oposición	- Contrariedad: solo una puede ser verdadera; las dos pueden ser falsas.
	- Contradicción: tiene que ser verdadera una de las dos.

Fuente: Escandell (2011: 234).

La paráfrasis es la relación existente entre dos proposiciones que describen el mismo estado de cosas, es decir, que significan lo mismo. Es el correlato proposicional de la noción de sinonimia léxica. Si "p" es verdadero "q" es verdadero, y si "p" es falso "q" es falso. Por ejemplo:

- Paráfrasis

(p) 阿拉伯人建造了这个美丽的庭院。

(q) 这个美丽的庭院由阿拉伯人建造。

La implicación lógica es la relación que se da entre dos proposiciones "p" y "q" siempre que la primera proposición "p" es verdadera, también lo es la segunda proposición "q". Por lo tanto, al comprobar que "p" es verdadero podemos afirmar directamente que "q" también lo es. Por ejemplo:

- Implicación lógica
(p) 我收拾了房间。
(q) 房间收拾好了。

Una proposición "p" presupone una proposición "q" cuando la verdad de "q" es una condición necesaria tanto para "p" como para "no-p". Por ejemplo:

- Presuposición
(p) 她之前在上学。
(q) 她退学了。

Dos proposiciones "p" y "q" son contrarias cuando uno excluye lógicamente a la otra: si "p" es verdadera, "q" es falsa; y si "q" es verdadera, "p" es falsa. Si caben varias opciones, la relación que se establece es contrariedad, y si solo caben dos opciones la relación es denominada contradicción.

- Contrariedad
(p) 他在西班牙。
(q) 他在墨西哥。

- Contradicción
(p) 教我们的是一位男老师。
(q) 教我们的是一位女老师。

Aplicación de la estrategia de la semántica composicional

Hemos comentado que una de las estrategias que se suele aplicar en la semántica composicional es la adopción de un lenguaje formal. La versión más simple de un lenguaje formal para la semántica procede de la teoría de **conjuntos** (集合). Puesto que uno de los objetivos de la teoría es explicar las relaciones sintácticas, una manera sencilla de reflejar formalmente la relación entre, por ejemplo, un predicado y su sujeto es hacerlo en términos conjuntísticos. Una expresión como *Juan corre* puede traducirse como una relación de pertenencia del elemento *Juan* al conjunto de los que corren: Juan $\in$[1] Correr. Y la modificación que aporta un ad-

---

1 $\in$ 为属于符号。

jetivo puede traducirse como la intersección entre conjuntos: coche rojo es un elemento de la intersección entre el conjunto de los coches y el conjunto de cosas rojas: Coche ∩[1]Rojo.

La formalización de la semántica es, desde luego, mucho más compleja de lo que estos sencillos ejemplos pueden hacer pensar. Lo interesante, de todos modos, es notar que a partir de un formalismo bien conocido es posible dar cuanta de manera general de las propiedades algorítmicas de construcción composicional del significado.

Cuestionario

(1) ¿Qué estudia la semántica composicional?

(2) Identifique las relaciones entre las expresiones complejas (Adaptación de Escandell, 2011: 240):

    a. _____
- Juan fumaba.
- Juan ha dejado de fumar.

    b. _____
- María resolvió el problema.
- María no resolvió el problema.

    c. _____
- Los griegos construyeron esta ciudad.
- Esta ciudad fue construida por los griegos.

    d. _____
- Mi bicicleta es amarilla.
- Mi bicicleta es azul.

    e. _____
- Luis ha vendido todos sus libros.
- Luis se queda sin libros.

(3) Rellene el esquema con los signos "∈" o "∩".

Este es mi amigo Manolo. Es un chico alto y moreno. Tiene mucha paciencia y suele hablar muy despacio.

    a. Manolo _____ Alto
    b. Manolo _____ Habla despacio

(4) Enumere las principales diferencias semánticas y sintácticas entre relativas especificativas y explicativas.

---

1 ∩为交集符号。

Capítulo 11
La pragmática (1)*

11.1 Conceptos básicos: la pragmática cognitiva
    11.1.1 Significado e interpretación
    11.1.2 Descodificación e inferencia
    11.1.3 Contenido explícito y contenido implícito

11.2 Lectura
    11.2.1 Bibliografía básica
    11.2.2 Bibliografía complementaria

11.3 Prácticas y ejercicios

---

* La presentación de los términos y conceptos de este capítulo se basa en Escandell (2010) y Escandell et al. (2011).

La pragmática es la disciplina que se ocupa de las relaciones entre la facultad del lenguaje y otros sistemas externos al lenguaje mismo, que determinan muy significativamente la manera en que el conocimiento lingüístico se pone en uso. La pragmática es, en consecuencia, una disciplina de interfaz, que analiza la conexión entre el sistema lingüístico y los condicionantes cognitivos y sociales que determinan la actividad verbal. No es, por lo tanto, un nivel más de análisis, equiparable a los que se han estudiado hasta el momento, sino una perspectiva que contempla la interrelación entre lo lingüístico y lo extralingüístico.

La pragmática puede dividirse en dos áreas, cada una con un enfoque prioritario en uno de los ámbitos: el ámbito cognitivo y el ámbito social.

Figura 11.1 Clasificación de la pragmática

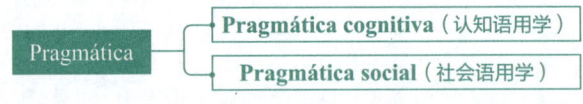

Fuente: elaboración propia basada en Escandell (2011: 247).

La pragmática cognitiva suele centrarse en el funcionamiento de los procesos de inferencia y en la búsqueda de los principios conversacionales generales que organizan la actividad lingüística mientras que la pragmática social analiza las pautas de conducta verbal que caracterizan la actuación espontánea de los miembros de un grupo social o cultural.

11.1 Conceptos básicos: la pragmática cognitiva

La pragmática cognitiva se interesa por los principios de funcionamiento cognitivo que sirven de base a la comunicación, buscando las propiedades de diseño de la mente humana que la hacen funcionar de la manera en que lo hace. La estrategia consiste, pues, en descubrir el modo en que nuestra arquitectura cognitiva —el diseño biológico de nuestra mente— determina el uso lingüístico por medio de principios comunes de todos los miembros de la especie humana.

11.1.1 Significado e interpretación

El **significado** (意义) o contenido semántico es la información codificada en la expresión lingüística. Se trata, por tanto, de un significado determinado por las reglas internas del propio sistema lingüístico. Como sabemos, las lenguas —consideradas como códigos— establecen relaciones constantes entre representaciones fonológicas y representaciones semánticas (los significados). La correlación es, pues, diádica, y puede expresarse con la fórmula *¿Qué significa X?* que conecta una expresión lingüística (*X*) con un contenido semántico (*qué*). En este sentido, resulta evidente que es la gramática la que debe dar cuenta del significado.

La **interpretación** (阐释), en cambio, establece una relación multívoca entre una expresión lingüística y la situación en que se emitió. Este tipo de relación puede reflejarse en la fórmula *¿Qué me quisiste (tú) decir el otro día cuando dijiste X?* Podemos ilustrar la diferencia entre el significado e interpretación con el siguiente esquema:

Figura 11.2 Diferencia entre el significado e interpretación

Fuente: elaboración propia basada en Escandell (2010: 39).

Como se puede observar en la fórmula de "interpretación", intervienen por lo menos cinco elementos diferentes: emisor (*tú*), destinatario (*me*), significado de la expresión (*X*), entorno (*el otro día*) e interpretación (*qué*). De acuerdo con este planteamiento, la distancia que media entre la intención del emisor y el significado de la expresión que ha utilizado, da la medida de lo implícito. Esa distancia es, precisamente, la que debe salvar el destinatario apelando a su información pragmática. En consecuencia, la interpretación concreta de un enunciado en una situación dada no podrá ser objeto del análisis semántico, ya que para determinarlo es necesario hacer intervenir elementos extralingüísticos.

11.1.2 Descodificación e inferencia

Al procesar información lingüística, se ponen, pues, en marcha dos tipos diferentes de procesos:

Los de **descodificación** (解码), que son los responsables de establecer las conexiones entre las expresiones lingüísticas y sus significados; son de naturaleza semántica y están gobernados por las reglas propias de cada lengua.

Los de **inferencia** (推理), que se activan para combinar las informaciones lingüísticas y extralingüísticas que dan lugar a la interpretación de un enunciado en su contexto; son de naturaleza pragmática y dependen del funcionamiento de los sistemas cognitivos humanos. La diferencia entre la descodificación e inferencia se muestra en el siguiente esquema.

Figura 11.3 Diferencia entre la descodificación e inferencia

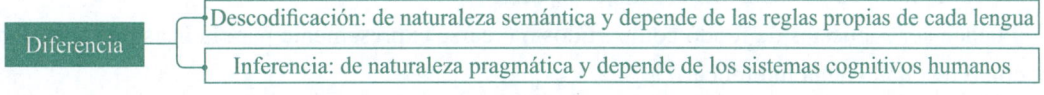

Fuente: elaboración propia basada en Escandell (2011: 39).

Los procesos inferenciales tienen como objetivo construir una interpretación y para ello forman hipótesis razonables a base de combinar la información lingüística con representaciones extralingüísticas que produzcan un resultado coherente con lo que se sabe. Son, además, procesos dependientes del contexto, que toman en consideración las informaciones disponibles en cada momento. La inferencia es central en la pragmática puesto que es el proceso por el que se integra la información lingüística y la información extralingüística.

11.1.3 Contenido explícito y contenido implícito

En los procesos pragmáticos es necesario diferenciar entre el contenido explícito (lo que se transmite expresamente) y los contenidos implícitos (los que se transmiten de manera no expresa). Son contenidos implícitos todos los supuestos de fondo utilizados como premisas necesarias en los procesos de inferencia, y también lo son las conclusiones alcanzadas. Veamos un pequeño ejemplo de Escandell (2011: 251):

Figura 11.4

— ¿Un vinito? — Tengo que conducir.	Contenido explícito
Supuestos de fondo: El vino contiene alcohol. Si bebes, no conduzcas.	Contenidos implícitos
Patrón inferencial: Si tengo que conducir, no debo consumir alcohol. Tengo que conducir. ...luego, no debo tomar alcohol.	Contenido implícito Contenido explícito Contenido implícito
Conclusión implicada: No.	Contenido implícito
Consecuencias: Justifico la negativa. Agradezco la invitación.	Contenidos implícitos

Fuente: Escandell (2011: 251).

Como se pueden observar en el cuadro arriba puesto, es posible distinguir entre premisas implicadas, conclusiones implicadas y consecuencias, pero lo importante es notar que en todos los casos estamos ante contenidos implícitos, los que se caracterizan por las siguientes propiedades:

No forman parte del contenido que se transmite explícitamente.

Se comunican conjuntamente con lo que se dice.

Pueden ser supuestos de fondo compartidos o crearse expresamente para la ocasión (por ejemplo, como resultado de la inferencia).

Son imprescindibles para la interpretación.

El emisor es responsable de su contenido.

11.2 Lectura

11.2.1 Bibliografía básica

Construcción del contexto en la anáfora
(Extracción de Cao, 2012)

En las últimas décadas, la noción de contexto ha experimentado cambios profundos e importantes.[1] Se ha pasado de una concepción del contexto como un factor estático, extra-

---
1 Presentación general basada en Leonetti (1996).

lingüístico y preexistente a la enunciación a una concepción del contexto más dinámica, caracterizada por una orientación cognoscitiva y, en especial, por dos supuestos: 1) el contexto desempeña un papel decisivo en la interpretación pragmática de todos los enunciados (no solo en la de algunos); y 2) el contexto no está predeterminado o dado de antemano en la mente del destinatario que tiene que procesar un enunciado, sino que se construye al interpretar.

En el marco de la Teoría de Relevancia, el contexto se define como "conjunto de premisas usadas en la interpretación de un enunciado", es por tanto un subconjunto de los supuestos manejados por los hablantes en el proceso interpretativo (es decir, una realidad cognoscitiva, una serie de representaciones mentales). Esta concepción del contexto como realidad cognoscitiva y como representación mental que involucra la memoria, la organización de los conocimientos almacenados en ella y las capacidades deductivas se aparta radicalmente de la concepción tradicional. En este sentido, es la oración o el enunciado la que determina la formación del contexto, y no a la inversa. En otras palabras, lo que se comunica explícitamente incluye ya instrucciones para modelar el contexto.

Resumiendo, Leonetti (1996) argumenta que el contexto debe ser entendido como realidad mental que construye el receptor durante del proceso de interpretación al desarrollar y enriquecer la forma lógica proporcionada por la gramática.

En el proceso interpretativo anafórico, el receptor debe construir un contexto adecuado para establecer un vínculo previsto por el emisor entre la expresión anafórica y la información previa. En tal proceso, la tarea principal que realiza el receptor es la asignación de referentes a las expresiones nominales anafóricas. De acuerdo con el primer principio de la Teoría de Relevancia (la cognición humana está orientada hacia la maximización de la relevancia), se trata de una tarea de seleccionar entre los posibles referentes uno que resulte más relevante. Siendo una unidad que representa la semántica procedimental, el artículo definido codifica instrucciones para la manipulación del contenido conceptual expresado por el sintagma nominal anafórico. En otras palabras, el artículo definido es un elemento que instruye al receptor acerca de cómo determinar el referente del sintagma nominal. Para realizar con éxito esta tarea, el receptor debe seguir la indicación de accesibilidad del referente que le proporciona el artículo (en concreto, la indicación de acceder a un referente de forma unívoca con el contenido descriptivo del sintagma nominal), y decidir el valor de la expresión nominal, posiblemente de acuerdo con otros supuestos que debe suplir para reconstruir el contexto de interpretación anafórica previsto por el emisor, y en general obedeciendo al criterio de coherencia con el principio de relevancia. En pocas palabras, el artículo orienta la tarea interpretativa en una dirección determinada, y la búsqueda de relevancia lleva a cabo el resto del trabajo.

Cabe señalar que el dar una orientación en la fase inferencial no implica que el artículo definido determine los supuestos que se deben elegir. Es el destinatario quien construye su propio contexto que le parezca más relevante para la interpretación de un enunciado. Cornish (1999) nos propone un ejemplo interesante acerca de la construcción del contexto. Durante una visita a Rumanía que realiza un político del Partido Laborista del Reino Unido, tiene un encuentro con el embajador del Reino Unido, quien le comunica una noticia:

¡El primer ministro ha renunciado!

Bajo la orientación que da el artículo definido —acceder a un referente de forma unívoca con la expresión nominal—, el político construye su propio contexto eligiendo el supuesto de que se trata de una persona que pertenezca a la tierra que está visitando, es decir, Rumanía. Con el contexto que ha construido, el político interpreta la noticia de la siguiente manera: ¡El primer ministro de Rumanía ha renunciado! No obstante, lo que realmente quiere comunicar el embajador es: ¡El primer ministro del Reino Unido ha renunciado! Porque en representación de su país, le interesa más comunicar al político que viene del mismo país lo sucedido en el Reino Unido. Este ejemplo nos ilustra el segundo principio de Relevancia: todo estímulo ostensivo transmite la presunción de su propia relevancia óptima. Además, con este ejemplo, queremos señalar que el papel que desempeña el artículo definido en la construcción del contexto se limita al carácter orientativo. A partir de esta orientación, cada lector debe seleccionar entre los supuestos de que disponga para construir un contexto más adecuado.

11.2.2 Bibliografía complementaria

[1] GENDLER SZBAÓ Z, 2005. Semantics versus Pragmatics[M]. Oxford: Clarendon Press.

[2] REYES G, 1994. El abecé de la pragmática[M]. Madrid: Arco/Libros.

[3] VERSCHUEREN J, 2002. Para entender la pragmática[M]. Madrid: Gredos.

[4] YULE G, 1996. Pragmatics[M]. Oxford: Oxford University Press.

11.3 Prácticas y ejercicios

Comparación entre semántica y pragmática
(Extracción de Escandell, 2010: 40)

El significado puede analizarse como una propiedad constitutiva de los signos lingüísticos, es decir, de las expresiones dentro del sistema de una lengua: a una forma significante le corresponderá un significado. El código establece, por tanto, una íntima relación diádica entre ambos. Esta relación es de tipo convencional, y está arbitrariamente establecida, como lo está también el resto del código de la lengua. Esta es la concepción de la semántica que ha sido tradicionalmente utilizada para describir el sentido de las unidades léxicas.

Para analizar el sentido de las estructuras oracionales es imprescindible utilizar el mismo marco de referencia: difícilmente podrían mantenerse a la vez la tesis de que la oración (como configuración sintagmática) es una unidad gramatical —y, por tanto, un signo lingüístico—, y la idea de que tal estructuración carece de un significado asignado por el sistema. Este será necesariamente descriptible en términos formales: de oposición entre la presencia y ausencia de determinados constituyentes, de orden de palabras, de asignación obligatoria de una curva entonativa determinada...El significado oracional está gobernado por reglas y solo admite explicaciones formales. Y como se trata de categorías discretas, el cambio en alguna de ellas supone un cambio en la estructura completa.

Frente a esta concepción del contenido semántico se levanta la idea de significado pragmático. Este establece una función multívoca entre el significado gramatical, de un lado, y el emisor, el destinatario y la situación en que tiene lugar el intercambio comunicativo, del otro. No es el resultado de usar y aplicar reglas convencionales pertenecientes al sistema, sino de poner en funcionamiento una serie de leyes empíricas y de principios motivados por el objetivo al que se dirige el enunciado. Por ello, las explicaciones pragmáticas no son exclusivamente formales (como ocurre en el caso de las semánticas), sino que deben ser básicamente funcionales. Y la entrada en juego de factores no estrictamente verbales, que no constituyen un sistema de oposiciones preciso, tiene como consecuencia el hecho de que las diferencias o cambios no siempre producen un cambio de categoría o de unidad, sino que suponen una gradación de valores dentro de un *continuum* de límites indeterminados.

Desde este punto de vista, podemos decir que la pragmática se ocupará del estudio de los principios que regulan el uso del lenguaje en la comunicación, entendido como el estudio de todos aquellos aspectos del significado que, por depender de factores extralingüísticos, quedan fuera del ámbito de la teoría semántica (es decir, de los significados convencionales).

Construcción de posibles interpretaciones

Como hemos comentado con anterioridad, a la hora de interpretar enunciados, intervienen por lo menos cinco elementos diferentes: emisor, destinatario, significado de la expresión, entorno e interpretación, es de esperar que podremos obtener distintas interpretaciones con una misma expresión al combinar de manera diferente estos cinco elementos. Veamos algunos ejemplos:

Expresión: — Llegas muy temprano.

Interpretación 1: La clase todavía no empieza. (Un profesor se lo dice a un alumno que llega temprano.)

Interpretación 2: Expresión irónica. Llegas muy tarde. (Un profesor se lo dice a un alumno que llega con mucho retraso.)

Se puede observar en el ejemplo arriba puesto, aunque tanto el emisor como la expresión son iguales, la diferencia del destinatario y el entorno consigue alterar completamente la interpretación.

Expresión: — ¡Se levanta el sol!

Interpretación 1: Ya es tarde. Tienes que levantarte. (Una madre intenta levantar al hijo.)

Interpretación 2: Ya ha dejado de llover. (Había llovido durante mucho tiempo. La gente se alegró mucho al ver que el sol se levantaba.)

En este ejemplo, con la combinación de diferentes emisores, destinatarios y entornos, se logra construir dos interpretaciones muy diferenciadas: la primera es para levantar al chico mientras que la segunda es una expresión llena de alegría.

Otro ejemplo citado por Escandell (2010: 17) es aun más interesante:

Cuando un diplomático dice *sí*, quiere decir "quizá";

cuando dice *quizá*, quiere decir "no";

y cuando dice *no*, no es un diplomático.
Cuando una dama dice *no*, quiere decir "quizá";
cuando dice *quizá*, quiere decir "sí";
y cuando dice *sí*, no es una dama.

En este ejemplo los emisores (el diplomático y la dama) juegan un papel decisivo a la hora de interpretar las expresiones de *sí, no,* y *quizá*, ya que todo el mundo conoce bien la manera por la que se expresa un diplomático o una dama.

Cuestionario

(1) ¿Qué es pragmática? Y ¿cómo se clasifica?

(2) ¿Cuál es la diferencia entre el significado y la interpretación?

(3) Complete el siguiente esquema:

	De naturaleza...	Depende de...
Descodificación		
Inferencia		

(4) Construya sus propias interpretaciones de las siguientes expresiones.
- El color del vestido es muy llamativo.
Interpretación 1:
Interpretación 2:

- Es una situación complicada.
Interpretación 1:
Interpretación 2:

- ¡Hace calor en esa pequeña isla!
Interpretación 1:
Interpretación 2:

- ¡Tenemos una hija que ya va a la universidad!
Interpretación 1:
Interpretación 2:

- Este es mi profesor.
Interpretación 1:
Interpretación 2:

(5) Enumere las principales diferencias entre la semántica y la pragmática.

Capítulo 12
La pragmática (2)[*]

12.1 Conceptos básicos: la pragmática social
    12.1.1 Intención comunicativa
    12.1.2 Relaciones interpersonales
    12.1.3 Cortesía estratégica

12.2 Lectura
    12.2.1 Bibliografía básica
    12.2.2 Bibliografía complementaria

12.3 Prácticas y ejercicios

---

[*] La presentación de los términos y conceptos de este capítulo se basa en Escandell (2010) y Escandell et al. (2011).

Las investigaciones de pragmática social buscan sobre todo descubrir tendencias y generalizaciones estadísticas acerca de los comportamientos comunicativos de cada grupo cultural y descubrir las pautas que rigen su estilo particular de interacción.

Cada cultura tiene su propia manera de pensar, su propio sistema de valores, su propio sistema de creencias y actitudes y, desde luego, su propio conjunto de hábitos lingüísticos asociados con tales diferencias. Una de las ramas más desarrolladas de la pragmática social es la pragmática intercultural, que centra su atención en la diversidad de estilos conversacionales de diferentes culturas y en las consecuencias de esta diversidad; son precisamente estas diferencias las que explican los fallos y los malentendidos que se producen en la comunicación entre miembros de culturas diferentes y que se traducen en prejuicios y estereotipos socio-culturales.

12.1 Conceptos básicos: la pragmática social

Comunicarse es una forma de actividades: no es simplemente informar; es también saludar, invitar, aconsejar, disculparse…y, por lo tanto, cada enunciado realiza un tipo particular de acción. Podemos decir, entonces, que cada enunciado es un **acto verbal** (言语行为), es decir, la realización de un determinado tipo de acción llevada a cabo a través de la lengua.

12.1.1 Intención comunicativa

Austin (1962) hizo notar que, por el mero hecho de producir un enunciado, se están realizando diversos tipos de actos:

(1) **Acto locutivo** (言内行为): el que se lleva a cabo al emitir una cadena de sonidos ligada a un significado de acuerdo con las reglas de una lengua.

(2) **Acto ilocutivo** (言外行为): el que se realiza al decir algo; por ejemplo, informar, solicitar, sugerir… Se denomina **fuerza ilocutiva** (言外之力) a la intención del hablante al llevar a cabo un acto verbal.

(3) **Acto perlocutivo** (言后行为): el efecto obtenido en el destinatario; por ejemplo, convencer, divertir, amedrentar…

A cada una de las acciones subyace una intención diferente y cada enunciado se emite, por tanto, con una fuerza ilocutiva diferente. Esta intención permite agrupar los actos verbales en clases. Podemos clasificar los diferentes tipos de actos verbales en cinco categorías básicas:

(1) **Asertivos** (断言型的): El emisor pretende reflejar el estado de cosas del mundo. Comprende actos como afirmar, referir, explicar, sugerir, presumir, quejarse…Estos actos se evalúan en términos de *verdadero/falso*.

(2) **Directivos** (指令型的): El emisor pretende que el destinatario lleve a cabo una determinada acción. Son actos directivos ordenar, pedir, rogar, aconsejar, recomendar…

(3) **Compromisivos** (承诺型的): El emisor manifiesta su compromiso de realizar una determinada acción: prometer, asegurar, garantizar, ofrecer…

(4) **Expresivos** (表达型的): El emisor manifiesta su estado de **ánimo** con respecto a algo: felicitar, agradecer, complacerse, perdonar, insultar,…

(5) **Declarativos** (宣告型的): El emisor produce cambios en el mundo en virtud de la autoridad que le ha sido otorgada. El acto de habla debe hacerse siguiendo fórmulas ritualizadas: bautizar, casar, inaugurar, dictar una sentencia, contratar...

12.1.2 Relaciones interpersonales

Aparte de la intención ilocutiva del hablante, el factor que condiciona de manera más decisiva la actividad lingüística es la relación que existe entre los interlocutores. La relación entre los interlocutores se denomina **distancia social** (社会距离) y se mide con respecto a dos ejes fundamentales: jerarquía y familiaridad.

La jerarquía refleja la posición de los interlocutores dentro de la escala social en función del poder relativo de un participante con respecto al otro. Algunas sociedades son, ciertamente, más flexibles que otras, pero todas muestran en mayor o menor medida una organización estratificada de sus miembros, de acuerdo con escalas de valores que varían de cultura a cultura. La jerarquía se evalúa, a su vez, de acuerdo con dos parámetros principales: características inherentes o físicas y roles sociales.

Las características inherentes son propiedades objetivas y directamente perceptibles, como la edad, el sexo o la raza. La mayor parte de las culturas establecen escalas sociales en las que las personas de mayor edad ocupan posiciones más altas que las más jóvenes, y, en las culturas más tradicionales, típicamente los hombres ocupan posiciones jerárquicas superiores a las de las mujeres; de igual modo, hay sociedades que establecen diferencias en función de la raza, la casta o el clan.

Los roles sociales son funciones atribuidas por la sociedad a los individuos en relación con el papel que desempeña cada uno dentro del grupo. No representan rasgos inherentes de cada persona, así que muchas veces no se corresponden con propiedades perceptibles. En esta dimensión se colocan las relaciones que dependen del poder o de la autoridad institucionalizada, como el hecho de ser jefe o empleado, médico o paciente, camarero o cliente...

La familiaridad recoge la posición relativa de los interlocutores en lo que respecta a dos parámetros independientes de la jerarquía: el primero es el grado de conocimiento previo, y el segundo es el grado de empatía. Dos personas que se conocen mucho o desde hace mucho tiempo tienen una relación más familiar que dos desconocidos, y dos personas que, por diferentes motivos, simpatizan tienen también una relación más cercana que dos que no lo hacen.

El tipo de relación determina la distancia lingüística que existe entre los interlocutores, y se manifiesta en muchas elecciones lingüísticas, que van desde el léxico, hasta la sintaxis, pasando por la elección de fórmulas de tratamiento. Como es bien sabido, hay lenguas que, como el español, emplean dos formas de tratamiento diferentes: una informal y familiar (*tú*) y otra formal y de distancia (*usted*).

Las formas de deferencia son muy importantes para muchas culturas. Muchas lenguas han gramaticalizado todo un complejo sistema de distinciones sociales, denominado sistema de **honoríficos** (敬語). Los sistemas de honoríficos pueden considerarse como sistemas completos de concordancia social. En las lenguas que poseen honoríficos debe utilizarse la forma adecuada en cada caso, tanto en contextos formales como informales. La japonesa es una de las culturas con un sistema de honoríficos más desarrollado y mejor conocido. En japonés existen sufijos honoríficos que se añaden al nombre de la persona con la que se habla según su estatus social.

12.1.3 Cortesía estratégica

Cuando el acto verbal entra en conflicto con la relación social, es frecuente que se busquen fórmulas lingüísticas para amortiguar los efectos no deseados. Se habla, en estos casos, de cortesía estratégica. Esto es lo que ocurre, por ejemplo, cuando añadimos la expresión *por favor* a una petición para atenuar lingüísticamente el impacto negativo de la petición en el oyente.

En uno de los trabajos más influyentes en los estudios sobre cortesía (Brown y Levinson, 1987), se propone la siguiente clasificación de las diferentes estrategias de los emisores en función del grado de imposición que suponga la acción que quiera realizar y del tipo de relación entre los interlocutores:

Figura 12.1

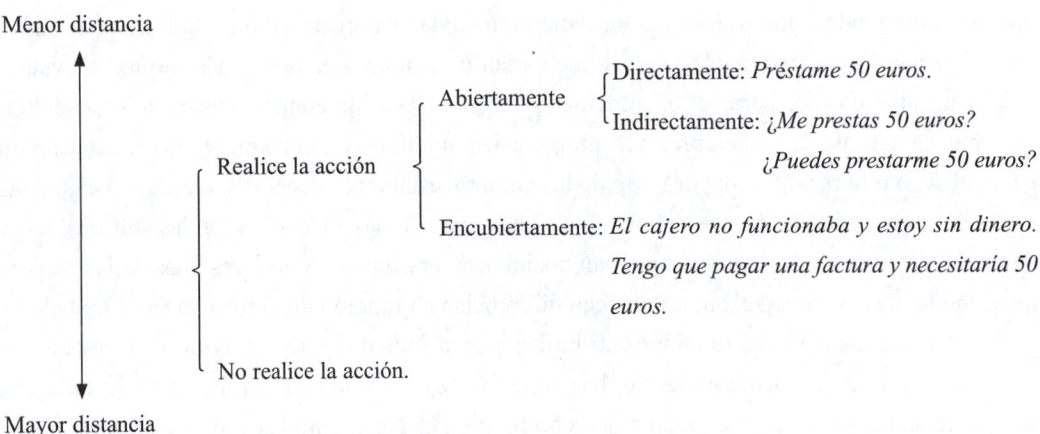

Fuente: Escandell (2011: 265).

12.2 Lectura

12.2.1 Bibliografía básica

Fallos pragmáticos
(Extracción de Toledo, 2018: 13)

Se definen como la incapacidad de entender la intención subyacente de lo enunciado (Thomas, 1983). Dicha incapacidad, o a nuestro juicio dificultad, se puede extender al ámbito de la producción de actos de comunicación y, por tanto, puede incluir las desviaciones a la norma de la lengua meta tanto en aspectos propiamente lingüísticos, como en aquellos que afectan la adecuación al contexto o a las normas socioculturales de la comunidad meta.

Los fallos pragmáticos en hablantes no nativos y en la realización de ciertos actos de comunicación como demandas, acusaciones y quejas, suelen llevar a evaluaciones negativas de parte del interlocutor, especialmente si es un hablante nativo, y a la estereotipación que no es unidireccional sino mutua.

En los fallos pragmáticos a nivel de la producción, el hablante fracasa en su intento de expresar apropiadamente lo que quiere decir y, en la interpretación, se perfila un desajuste comunicativo en la lectura del propósito del interlocutor. Dado que los desaciertos pragmáticos, a diferencia de los errores lingüísticos, no se sitúan en el nivel de la estructura formal de la lengua sino en la intencionalidad comunicativa, son, como se ha referido, de difícil reconocimiento y de complejidad en su realización. Se presentan casos en que el hablante nativo los decodifica como desviaciones pragmáticas y no les presta mayor atención y hace caso omiso a la falta de competencia pragmática de un hablante no nativo, pero también es posible que estas realizaciones las perciba como amenazantes a su imagen (Holmlander, 2011: 53), lo que podría ser causa de un fracaso en la comunicación intercultural. Más que fracaso, se debiese hablar de interrupción comunicacional, puesto que se puede tratar solo de una intervención específica y podría provocar que el hablante evadiera futuros encuentros para proteger su imagen especialmente en relaciones asimétricas institucionalizadas: paciente/doctor, empleado/jefe o alumno/profesor.

Si un aprendiente muestra un nivel avanzado de lengua, en términos sintácticos o morfológicos, su interlocutor espera que sus realizaciones respecto de actos de comunicación sean correctas y también adecuadas al contexto de enunciación. Si esto no ocurre según sus expectativas, el interlocutor puede leer el comportamiento pragmalingüístico del hablante no nativo como poco flexible, rudo e incluso ofensivo, o por el contrario, como excesivamente cortés y halagador (Hernández, 1999).

Aludiendo a las dos dimensiones de la pragmática, Thomas (1983) reconoce dos clases de fallos o desajustes: los sociopragmáticos y los pragmalingüísticos. Los primeros consisten en trasladar a la lengua objeto las expectativas de comportamiento propias de su cultura de origen. Esto se explica por las percepciones culturalmente diferentes de lo que es un comportamiento lingüístico adecuado en términos del grado de imposición de un acto, su costo-beneficio o bien del poder/solidaridad o la distancia/cercanía entre los interactuantes. Los segundos, suponen la utilización de un formato lingüístico con un valor que no responde a la convencionalización de su lengua. Este tipo de desajuste es causado por diferencias en la codificación lingüística de la fuerza pragmática de un enunciado. Se trata, por ejemplo, de estrategias transferidas inadecuadamente de la L1 a la L2 en la ejecución de ciertos actos; estrategias que difieren e incluso se distancian de las que podrían seleccionar los hablantes nativos.

Los fallos pragmáticos, ya sea en el ámbito más sociocultural o en el ámbito más lingüístico, pueden conllevar graves implicancias en la comunicación intercultural puesto que pueden poner en tela de juicio la imagen del usuario no nativo al comportarse como es de esperar. No obstante, Holmlander (2011: 54) plantea la posibilidad de que el usuario nativo sea condescendiente a la falta de competencia pragmática de un hablante no nativo. En este sentido, hay que preguntarse si los hablantes nativos juzgarían con mayor severidad un error lingüístico o un desajuste pragmático. Un estudio de percepción de parte de usuarios nativos sobre realizaciones pragmáticas específicas y su impacto en la comunicación intercultural podría darnos luces al respecto.

Son varios los autores que han insistido en la realización de fallos pragmáticos y los han ejemplificado en el caso del español. Briz (2004) señala un caso de petición por parte de los españoles de un café en un bar. De las varias opciones que podrían tener un hablante para realizar este acto, señala: "Un café", "Quiero un café", "Por favor, señor, un café", el autor afirma que un español elegiría una de las dos primeras, siendo que es bastante probable que un hablante no nativo optara por la tercer realización, "una elección que no provocaría desajuste informativo pero sí pragmático", debido a que se percibiría como demasiado formal y no ajustada al modo de entender la relación interpersonal entre camarero y cliente en la sociedad española.

En esta misma directriz ahora respecto de la realización de una queja o protesta, Miguel (citado en Sánchez Lobato & Santos Gargallo, 2004) menciona el caso de una estudiante sinohablante de nivel intermedio que tiene que resolver la siguiente situación comunicativa: Estás en un hotel, tienes la habitación 1678 pero el ascensor no funciona desde hace horas. Te quejas en la recepción: "Perdone, el ascensor no funciona. Todas las cosas que necesito en la vida no funcionan". En su primera parte nos parece una realización bastante apropiada pero la finaliza con un argumento que entrega información personal de tipo afectiva de poca relevancia para la resolución positiva del conflicto. Miguel sugiere que una realización de un hablante nativo sería: "Perdone, pero el ascensor lleva varias horas estropeado y estoy en el piso 16, ¿sabe de casualidad cuándo se va a arreglar?" o bien una queja más directa y más impositiva: "Bueno, es que no puede ser. Tendrían que tener esto presente o un sistema para resolverlo rápidamente".

En lo que concierne a la correlación del nivel de lengua de los usuarios no nativo y su manejo pragmático respecto de actos comunicativos, se sostiene que cuanto más alto es el nivel de lengua, más competencia poseen los aprendientes para transferir conocimientos de su lengua materna y menos fallos pragmáticos presentan. Uno de los autores que defiende esta postura es Días Pérez (2003) al revisar los actos de peticiones, peticiones de disculpas, expresiones de agradecimiento y quejas. Por el contrario, Blum-Kulka (1996) defiende la inexistencia de una correlación entre el nivel de lengua y la realización de transferencias pragmáticas, puesto que según la autora, constituyen procesos de adquisición diferentes y sería posible encontrar transferencias negativas tanto en aprendientes de niveles avanzados como principiantes.

12.2.2 Bibliografía complementaria

[1] BRIZ A, 2004. Aportaciones del análisis del discurso oral[M]//SÁNCHEZ J, SANTOS I. Vademécum para la formación de profesores. Enseñar español como segunda lengua (L2) / lengua extranjera (LE). Madrid: SGEL: 219-242.

[2] DÍAS F, 2003. La cortesía verbal en inglés y en español. Actos de habla y pragmática intercultural[M]. Jaén: Universidad de Jaén.

[3] HERNÁNDEZ-FLORES N, 1999. Politeness Ideology in Spanish Colloquial Conversation: The Case of Advice[J]. Pragmatics, 9(1): 37-49.

[4] HOLMLANDER D, 2011. Estrategias de atenuación en español L1 y L2. Estudio contrastivo en hablantes españoles y suecos[M]. Lund: Lunds universitet.

12.3 Prácticas y ejercicios

Identificación de los honoríficos
(Adaptación de Escandell, 2011: 261)

(1) Honoríficos en los pronombres

En mixteco, los pronombres con que el hablante se refiere a sí mismo varían en función de la persona con la que esté hablando, de modo que "yo" se dice "ri" cuando se habla con alguien con quien se tiene familiaridad, y se dice "sa" cuando el interlocutor es una persona a la que hay que mostrar respeto. En mixteco no hay diferencia de número.

Figura 12.2

Persona	Forma familiar	Forma de respeto
1 SG/PL	Ri	Sa
2 SG/PL	Ro	Ni

Fuente: Escandell (2011: 261).

En chino, el tratamiento formal o cuando se habla con alguien con quien se tiene respecto, se emplea el pronombre "您". En contraste con ello, el otro tratamiento informal o cuando se habla con alguien con quien se tiene familiaridad, se utiliza el "你". Se trata de un caso parecido al español "usted/tú".

(2) Honoríficos en los sufijos

En japonés existen sufijos honoríficos que se añaden al nombre de la persona con la que se habla según su estatus social. En la siguiente tabla aparecen los sufijos honoríficos comunes:

Figura 12.3

San	Equivale a "señor" o "señora". Se puede aplicar también a empresas.
Kun	Se emplea para hombres de menor edad o de menor categoría; en el mundo laboral, también puede utilizarse para hacer referencia a empleadas jóvenes. Lo utilizan también las mujeres para dirigirse a hombres con los que tienen mucha familiaridad.
Chan	Es un sufijo diminutivo que indica afecto. Se usa para chicas muy jóvenes y niños.
Senpal	Se emplea para dirigirse a una persona de mayor rango o mayor experiencia en una institución con jerarquías (empresas, ámbito académico); es la forma que debe utilizar un estudiante para dirigirse a otro de un curso superior.
Kōhai	Es el inverso de senpai, y se emplea para dirigirse a una persona de menor rango o experiencia.

tabla continua

Sensei	Equivale a "maestro" y se utiliza para dirigirse a personas que gozan de autoridad, como profesores, políticos, médicos o artistas de reconocido prestigio.
Sama	Es la versión respetuosa de san; se emplea para dirigirse a personas de mayor categoría o a alguien a quien uno admira, y también es la forma utilizada para dirigirse a un cliente; es la forma que se emplea al escribir las direcciones de correo postal.
Tono	Indica gran respeto, pero dentro de una relación de igualdad; hoy en día resulta algo arcaico, y se emplea en certificado y diplomas.
Shi	Es un sufijo casi exclusivamente limitado a la lengua escrita, y se emplea en el lenguaje legal y para referirse a alguien a quien no se conoce personalmente.
Tan	Hace referencia a un personaje ficticio.

Fuente: Escandell (2011: 262).

(3) Honoríficos en la conjugación verbal

Además de las formas de tratamiento, los honoríficos pueden aparecer también en la conjugación verbal. Veamos las siguientes frases en japonés.

Sam-ga   *warat-ta*
Sam-NOM   reír-PST

Sam-ga   *o-warai-ninat-ta.*
Sam-NOM   HON- reír-HON-PST

Sam-ga   *warai-yagat-ta.*
Sam-NOM   reír-ANTIHON-PST

Las tres frases tienen el mismo significado: "Sam se rió", pero varían en la consideración que el hablante muestra hacia la persona de la que habla: la primera oración es neutral; la segunda contiene dos morfemas honoríficos que expresan la diferencia y la consideración del hablante hacia la persona a la que se refiere (que en esta oración es el sujeto); la tercera contiene un morfema antihonorífico, por medio del cual el hablante expresa su desprecio hacia Sam.

(4) Honoríficos en el léxico

La deferencia se pude manifestar también en el uso del léxico. En zulú, por ejemplo, hay series de palabras diferentes para las formas neutras y honoríficas:

Figura 12.4

Significado	Forma neutra	Forma honorífica
mi padre	*ubaba*	*utsatsa*
hipopótamo	*imvubu*	*incubu*
león	*imbube*	*injuve*
casa	*indlu*	*incumba*

Fuente: Escandell (2011: 263).

Comparación del conocimiento lingüístico y pragmático
(Adaptación de Toledo, 2018: 261)

Respecto del concepto de conocimiento de una lengua, este puede ser lingüístico, relacionado con la construcción formal de la lengua o con el nivel del significado, pero también pragmático. Este último actualiza un proceso más complejo en el aprendizaje de una lengua y puede describirse en términos de códigos y procedimientos socioculturales, y revisa "cómo los actos verbales son entendidos y representados de acuerdo a las intenciones del hablante, bajo restricciones contextuales y discursivas".

El conocimiento pragmático interactúa entonces con el conocimiento lingüístico, son relativamente dependientes, y ambos conforman un solo saber. En efecto el conocimiento pragmático no se puede desplegar sin formas y estructuras lingüísticas adecuadas para expresar la fuerza ilocutiva, y es en la interacción, donde se articula el conocimiento de la lengua.

El conocimiento lingüístico y pragmático están fuertemente conectados, aunque su desarrollo es independiente; por ejemplo, un estudiante con un manejo avanzado en la lengua meta puede no haber alcanzado un desarrollo pragmático al mismo nivel, y a su vez un aprendiente intermedio puede ser altamente competente a nivel pragmático. Esto quizás tenga su origen en que en términos de su constitución, el conocimiento pragmático se divide en dos tipos de saberes: el conocimiento declarativo (saber sobre la lengua) y el conocimiento procesual (saber hacer con la lengua).

En relación con el aprendizaje de una segunda lengua, se debe tener en cuenta que aunque ambos conocimientos están relacionados, es bastante posible que un hablante pueda ser capaz de dar razón de una gran cantidad de fenómenos de la gramática y del vocabulario de una determinada lengua, pero ser incapaz de desenvolverse en una situación de comunicación mediante el uso de lengua. A la inversa, si una persona que haya pasado por una etapa de inmersión lingüística sin ningún tipo de estudio de la lengua, puede ser capaz de comunicarse en una gran cantidad de situaciones, careciendo al mismo tiempo del conocimiento declarativo sobre las reglas que sigue o las relaciones que se establecen entre las palabras que usa.

Cuestionario

(1) ¿En qué consiste el objetivo de las investigaciones de pragmática social?

(2) ¿Cómo se define el acto verbal?

(3) Marque con "√" la siguiente tabla acerca de las estrategias de cortesía.

	Directamente	Indirectamente	Encubiertamente
Ese libro es muy interesante.			
¿Puedes comprarme ese libro?			
Tengo que pedirte que me compres ese libro.			

(4) Enumere los casos en que pueden aparecer los honoríficos.

(5) Identifique las posibles fuerzas ilocutivas de los siguientes enunciados.
    a. Ese vestido es muy elegante.
    b. Este curso es difícil para mí.
    c. La habitación está desordenada.
    d. Ya se levanta el sol.

Capítulo 13
La lingüística y la adquisición/enseñanza de lenguas[*]

13.1 Conceptos básicos: la lingüística y la adquisición/enseñanza de lenguas
    13.1.1 Análisis contrastivo
    13.1.2 Análisis de errores
    13.1.3 Distinción entre falta y error

13.2 Lectura
    13.2.1 Bibliografía básica
    13.2.2 Bibliografía complementaria

13.3 Prácticas y ejercicios

---

[*] La presentación de los términos y conceptos de este capítulo se basa en Lado (1957), Fernández (1997) y Escandell et al. (2011).

La lingüística siempre guarda una relación estrecha con la adquisición o enseñanza de lenguas, ya que los conocimientos lingüísticos permiten entender mejor las lenguas que se estudian. En este capítulo vamos a presentar dos instrumentos más importantes que se suelen aplicar al análisis lingüístico: **análisis contrastivo** (对比分析) y **análisis de errores** (错误分析). Con el primer modelo analítico, podemos predecir las dificultades que se encuentran en el proceso del aprendizaje de la lengua, y con el segundo y el tercero, podemos confirmar estas dificultades. Una vez localizadas y determinadas las dificultades en la adquisición de una lengua extranjera, podremos tratar de superarlas buscando métodos y estrategias adecuadas de aprendizaje o enseñanza.

13.1 Conceptos básicos: la lingüística y la adquisición/enseñanza de lenguas

El análisis contrastivo y el análisis de errores son dos modelos analíticos clásicos que se desarrolla en el marco general de la **lingüística contrastiva** (对比语言学). Aunque desde el análisis contrastivo hasta el análisis de errores, han sido varios los modelos teóricos de las investigaciones: el modelo estructuralista, el modelo generativo-transformacional y el modelo psicolingüístico, los cuales se basan en principios diferentes, se ha profundizado cada vez más en estos dos tipos de estudios. La identificación de la causa de los errores no es una tarea fácil si se parte del sistema de la lengua objeto o, exclusivamente, de la **lengua materna** (母语). De hecho, cada vez hay más investigaciones que se basan en una conjunción del modelo de ambos análisis como métodos complementarios para llegar a verificar, describir y explicar mejor las áreas de dificultad y los errores producidos.

Un análisis complementario entre el análisis contrastivo y el análisis de errores sirve tanto para tener un panorama más completo de la naturaleza de los errores y del aprendizaje de la lengua extranjera, como para conocer si la lengua materna es la principal causa de los errores cometidos y lo que impide el avance del aprendizaje en las etapas sucesivas, o si existen otros factores que provocan los errores.

13.1.1 Análisis contrastivo

El análisis contrastivo es el modelo analítico más clásico de la lingüística contrastiva, que se desarrolló en gran medida a mediados del siglo XX y en un sentido moderno debe su consolidación a Robert Lado: *Linguistics Across Cultures* (1957). Dentro del proceso que supone el aprendizaje y la enseñanza de una lengua extranjera, la lingüística contrastiva ha jugado y juega un importante papel, puesto que sus planteamientos se han visto siempre motivados por el interés en dar respuesta a las cuestiones que plantea el proceso de aprendizaje de una segunda lengua, mediante sus tres modelos de análisis: análisis contrastivo, análisis de errores y análisis de la **interlengua** (中介语).

Lado postula que la comparación de la lengua materna del alumno y la **lengua meta** (目标语) determinará las diferencias y similitudes entre ambas, con lo que se podrán predecir las zonas de dificultad en todos los niveles del sistema de la lengua. Estas zonas suelen constituir la **transferencia negativa** (负迁移) que obstaculiza el proceso de la adquisición de la lengua meta.

Figura 13.1

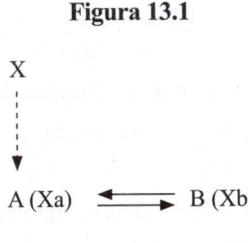

Fuente: Xu (1999:14).

Cuando realizamos comparaciones entre lenguas, hay que tener ante todo una idea clara sobre lo que vamos a comparar. De acuerdo con el modelo del análisis contrastivo, todos los idiomas tienen sus propios recursos lingüísticos para cumplir una determinada función X. Al hacer la comparación de las dos lenguas A y B, tenemos que fijarnos en los diferentes recursos (Xa y Xb) que se utilizan para llevar a cabo la misma función X. Es decir, el análisis contrastivo debe ser efectuado desde una perspectiva funcional.

13.1.2 Análisis de errores

Las principales críticas hacia el análisis contrastivo radican en que no todos los errores sistemáticos se producen por la transferencia negativa, lo cual ha provocado su rechazo. Así, dadas las limitaciones, especialmente en las consideraciones de la causa del error, de que adolecen los trabajos del análisis contrastivo, a finales de los años 70 empieza a tomar impulso la teoría del análisis de errores como intento didáctico de identificar y remediar los errores en las producciones reales de los estudiantes de lenguas extranjeras y de hacer patentes los procesos de aprendizaje de la lengua extranjera.

El análisis de errores se ha centrado en el estudio de lo que el alumno realmente hace, sin prestar atención alguna a lo que hará, a diferencia del análisis contrastivo, es decir, lo que el análisis de errores analiza son los datos procedentes de los errores cometidos por el alumno (corpus de datos), cuya explicación no se busca a través de una comparación estructural entre dos sistemas de lenguas, la lengua materna del estudiante y la lengua meta.

El análisis de errores replantea las teorías psicolingüísticas: el concepto facilidad-dificultad en el aprendizaje de una segunda lengua no es exclusivamente lingüístico, está relacionado con otros factores, como el psicológico, el pedagógico, el sociológico, el de la motivación y de la cultura. Incluso, se puede añadir que, en algún caso, se detecta que muchos de los errores pueden estar provocados por los usos del profesorado, que transmite determinados errores a los alumnos.

La información que se obtiene del estudio de los errores, primero, indica al maestro la efectividad de los materiales que se emplean en la clase, las técnicas de enseñanza de dicha lengua y qué partes del programa que ha estado siguiendo requieren atención adicional y, segundo, con un objetivo más amplio, sirve para diseñar un programa de estudio que permita corregir los errores, es decir, un programa de reenseñanza.

13.1.3 Distinción entre falta y error

A la hora de realizar el análisis de errores, es imprescindible señalar la distinción entre falta (error de actuación) y error (error sistemático que afecta a la competencia del aprendiz y que es propiamente idiosincrásico). De los errores que se deben a fallos de memoria, estados físicos concretos (cansancio) y condiciones psicológicas determinadas (nervios, tensión o inseguridad), en otras palabras, a circunstancias accidentales, y de los cuales uno es consciente y capaz de corregirlos con más o menos seguridad, se puede afirmar, según un criterio pragmático, que se trata de errores de actuación o errores no sistemáticos. Estos no tienen importancia alguna para el proceso de aprendizaje de la lengua, ya que es de esperar que un aprendiz, al intentar comunicarse en una lengua extranjera, esté sujeto a veces a situaciones de tensión y cometa fallos de lapsus en la ejecución, por lo que no son contabilizables.

Por otra parte, los errores sistemáticos son aquellos de los que el aprendiz no es consciente; presentan ciertas idiosincrasias que alejan al aprendiz de la norma lingüística al intentar aproximarse a la lengua meta en las etapas sucesivas, por lo tanto son signo de incompetencia en relación con la lengua que se aprende, y se deben estudiar en sí mismos. Se entiende que los errores que se producen bajo circunstancias accidentales, o los errores de actuación que no se caracterizan por su sistematicidad, no proporcionan la naturaleza del conocimiento de la lengua que obtiene el aprendiz, mientras que los errores que se caracterizan por su sistematicidad sí que constituyen una fuente de información sobre la competencia transitoria del aprendiz de una lengua extranjera.

Esta nueva concepción del error es clave en el campo de la adquisición-aprendizaje de la lengua, tanto desde el punto de vista teórico, en las orientaciones metodológicas, como desde el aplicado, en el planteamiento de las investigaciones. El hecho de considerar los errores como parte del proceso de adquisición supone la pérdida del miedo al error. Así pues, el análisis de errores se basa, primero, en un reconocimiento de la idiosincrasia; segundo, en dar cuenta del dialecto idiosincrásico del alumno mediante una comparación bilingüe como evidencia del desarrollo del aprendizaje de los estudiantes de la segunda lengua, y, en último lugar, trata de cumplir con el objetivo de dar una explicación al error, con la finalidad de llegar a saber qué es lo que aprende el alumno y cómo aprende cuando estudia la segunda lengua. También intenta explicar lo que el alumno conoce o no conoce y descubrir lo que le queda por conocer en cada momento determinado de su aprendizaje.

13.2 Lectura

13.2.1 Bibliografía básica

Proyecto de Universales y Tipología
(Adaptación de Cao, 2016a)

Muchos lingüistas que hacen comparaciones contrastivas entre diversas lenguas suelen acudir al modelo operacional del Proyecto de Universales y Tipología (UNITYP) con el que empezó a colaborar un grupo de lingüistas de la Universidad de Colonia, Alemania, a partir de los años 70 del siglo XX.[1] En aquella época se hacían cada día más patentes las limitaciones teóricas de la gramática generativa, y este proyecto nació con el intento de solucionar las preguntas a que no sabían responder las estructuras que proponía el generativismo.

De acuerdo con el proyecto UNITYP, que describe las lenguas particulares desde el punto de vista de la universalística, todos los idiomas disponen de sus propios recursos lingüísticos destinados a cumplir determinada función. Estos recursos isofuncionales, aunque no equivalentes en cuanto a sus comportamientos concretos en el texto, pueden ser considerados como técnicas alternativas para la resolución de tareas o problemas fundamentales a los que cada lengua debe dar una respuesta. Tanto las similitudes como las diferencias de estas técnicas son importantes, ya que constituyen el objeto de la tipología. De este modo, logran formar un programa integrado de la descripción de las gramáticas particulares, la tipología y la universalística. Este modelo operacional UNITYP resalta la importancia de la toma de una perspectiva de las funciones universales para realizar las comparaciones intralingüísticas, puesto que los "hechos" gramaticales isofuncionales, aun distintos a la vista, son en realidad regidos por el mismo principio.

La gramática del chino es básicamente implícita, mientras que la del español es explícita. Es decir, el chino se caracteriza por la falta de los componentes gramaticales explícitos mientras que en español los conceptos se encadenan con relacionantes explícitos, los cuales pueden ser morfológicos (por ejemplo, géneros, números, modos, tiempos y personas) o sintácticos (por ejemplo, el artículo, las preposiciones, etc.). Sin embargo, de acuerdo con el modelo UNITYP, hay que tener en cuenta que, a pesar de la falta de la representación gramaticalizada de las funciones lingüísticas, estas funciones sí existen en chino. Es decir, la diferencia "implícita vs. explícita" que se encuentra entre la gramática del chino y la del español es superficial; en esencia, siempre se hallan recursos alternativos en chino para la resolución de las mismas tareas a las que da respuesta el español con los componentes explícitos, y estos recursos alternativos pueden ser morfológicos, léxicos, posicionales o textuales.

13.2.2 Bibliografía complementaria

[1] FERNÁNDEZ S, 1997. Interlengua y análisis de errores en el aprendizaje del español como lengua extranjera[M]. Madrid: Edelsa.

[2] LADO R, 1957. Linguistics Across Cultures: Applied Linguistics for Language Teachers[M]. Ann Arbor: University of Michigan Press.

[3] SÖHRMAN I, 2007. Lingüística contrastiva como herramienta para la enseñanza de lenguas [M]. Madrid: Arco/Libros.

[4] XU Yulong, 1992. Introducción a la lingüística contrastiva[M]. Shanghai: Editorial de Educación de Lenguas Extranjeras de Shanghai.

---

1 La presentación del proyecto se basa en Iturrioz (1986).

13.3 Prácticas y ejercicios

Análisis contrastivo

Ilustraremos en esta sección el modelo del análisis contrastivo con el ejemplo del español y del chino y resumiremos los principales pasos en que se basan el análisis contrastivo. Al comparar el español (A) con el chino (B), nos llama mucho la atención el hecho de que en los textos en español las expresiones con artículo definido aparezcan con una frecuencia muy elevada, mientras que en chino no hay artículos. En español, los sintagmas nominales definidos son marcados por el artículo definido. De acuerdo con RAE (2010: 268), los grupos nominales que llevan artículo definido son definidos, puesto que denotan entidades que el hablante supone identificables en un contexto a partir del contenido léxico del sustantivo y de la información que comparte con su interlocutor, denominada información consabida. Por lo tanto, la función básica que cumple el artículo definido en español es la de expresar la definitud. Y precisamente es esta función la que constituye nuestro punto de partida. Al efectuar el análisis contrastivo, debemos preguntarnos: ¿Por qué la ausencia del artículo en chino no impide la codificación y la identificación de los referentes definidos? Y ¿cuáles son los recursos lingüísticos a los que acude la lengua china a la hora de expresar la definitud? Más concretamente, como en el idioma chino no hay artículo definido (Xa, según el modelo contrastivo), en este caso, la comparación debe ser realizada desde la perspectiva de definitud (X, según el modelo) y lo que debemos analizar es el mecanismo en chino (Xb, según el modelo) que contribuye a la construcción de los referentes definidos. En otras palabras, al comparar las lenguas, no hay que buscar equivalencias en las categorías, y el análisis contrastivo siempre debe ser efectuado desde la perspectiva funcional.

Figura 13.2

> **Cuatro pasos para realizar el análisis contrastivo:**
> 1. **Primer paso:** determinación de la lengua A y lengua B
> 2. **Segundo paso:** análisis de la (s) función (es) (X) de Xa
> 3. **Tercer paso:** investigación de Xb
> 4. **Cuarto paso:** comparación de Xa y Xb

Fuente: elaboración propia.

Con base en la explicación recién desarrollada, resumamos en la figura de arriba los cuatro pasos para realizar el análisis contrastivo: primero, determinar las lenguas que se van a comparar (A y B); segundo, analizar la (s) función (es) (X) que cumple cierta categoría (Xa) en A; investigar los recursos lingüísticos en B (Xb) que llevan a cabo la (s) misma (s) función (es) (X); cuarto, comparar Xa y Xb localizando las similitudes y diferencias.

Análisis de errores

El análisis de errores se basa, principalmente, en cuatro procesos: primero, detectar y localizar los errores; segundo, describir los errores; tercero, clasificar o categorizar los errores, y, por último, explicar los errores.

Figura 13.3

> **Cuatro pasos para realizar el análisis de errores:**
> 1. **Primer paso:** localización de los errores
> 2. **Segundo paso:** descripción de los errores
> 3. **Tercer paso:** clasificación de los errores
> 4. **Cuarto paso:** explicación los errores

Fuente: elaboración propia.

Los criterios, base para la clasificación de la multiplicidad de errores, indican dónde se encuentran estos, cuáles son de la misma clase y cuáles no y por qué aparecen. Es decir, se ubica el error en un nivel de la lengua y se descubren las posibles causas. Es posible usar simultáneamente diferentes criterios para clasificar los errores de acuerdo con el objetivo de la investigación.

Cuestionario

(1) ¿Se puede buscar equivalencias entre las categorías a la hora de realizar el análisis contrastivo?

(2) Marque con "√" la siguiente tabla de acuerdo con las definiciones presentadas en el presente capítulo.

Descripción	Falta	Error
Teresa suele usar mayúsculas al escribir la primera letra de los meses en español.		√
Luis se equivoca en una ocasión del nombre de un amigo suyo debido a un fallo de memoria.		
En todas las ocasiones, en lugar de "extranjero", Pilar escribe "estrangero".		
Como estaba muy nervioso en el examen, Julio no pudo recordar cómo deletrear la palabra "anglicismo".		

(3) ¿Cuáles son los cuatro pasos en que se basa el análisis de errores?

(4) Realice primero un pequeño análisis de errores acerca del uso del pretérito perfecto simple y el pretérito imperfecto en español por alumnos chinos. Y después, con base en el resultado del análisis, trate de proponer algunas estrategias de aprendizaje.

(5) La clasificación nominal es la función básica que desempeñan los clasificadores numerales en chino. ¿Cuál es el recurso lingüístico a que acude la lengua española a la hora de resolver la terea de la clasificación nominal? Reflexione y complete la siguiente tabla de acuerdo con el modelo del análisis contrastivo.

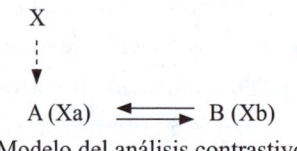

Modelo del análisis contrastivo

X:	
A:	B:
Xa:	Xb:

Capítulo 14
La lingüística y la política[*]

    14.1 Conceptos básicos: la lingüística y la política
          14.1.1 Política lingüística y planificación lingüística
          14.1.2 Política lingüística panhispánica
          14.1.3 Organismo que ejecuta la planificación del corpus en España

    14.2 Lectura
          14.2.1 Bibliografía básica
          14.2.2 Bibliografía complementaria

    14.3 Prácticas y ejercicios

---

[*] La presentación de los términos y conceptos de este capítulo se basa en Escandell et al. (2011) y el sitio web oficial de RAE.

La **política lingüística** (语言政策) o la planificación lingüística es una disciplina desarrollada en el marco general de la sociolingüística. Esta disciplina empezó a desarrollarse en el inicio de la década de los 60 del siglo XX. En aquel entonces, la elección de la lengua estándar o nacional era un problema importante al que se tuvieron que enfrentar muchas naciones recién independizadas tras la colonización. Como era natural, en esa época, las diferentes comunidades sociales quisieron que fuese elegida su propia lengua, ya que la elección de la lengua nacional suponía indudables ventajas para el futuro desarrollo de su comunidad. En consecuencia, este tipo de elección provocó muchas disputas y obligó a las autoridades a resolver los problemas y responder a las demandas planteadas. De ahí que surgieron las investigaciones con el fin de solucionar los problemas de este tipo sociolingüístico. En este capítulo, presentaremos los conceptos básicos de la política lingüística así como el organismo más importante de España que ejecuta la planificación del corpus de España, la Real Academia Española (RAE).

14.1　Conceptos básicos: la lingüística y la política

Es muy común que en una región o una sociedad convivan varias lenguas. En estos casos, la coexistencia de lenguas hace que la lingüística se interaccione con la política, ya que para facilitar la comunicación, es inevitable seleccionar entre estas una o unas apropiadas como lengua oficial o lengua de trabajo, lo cual implica necesariamente el reparto de intereses. Por lo tanto, en este proceso, todos los dirigentes políticos se enfrentan con difíciles decisiones y deben actuar adecuadamente y tratar de conciliar todas las lenguas que se hablan en esta sociedad.

14.1.1　Política lingüística y planificación lingüística

Se denomina política lingüística al conjunto de medidas, desarrolladas por distintas instituciones (gobierno, ministerio, academias de la lengua, etc.), cuyo fin es influir sobre la forma y uso de una variante lingüística en la sociedad.

La **estandarización** (标准化) es una práctica muy importante que se enmarca en la política lingüística. El proceso mediante el cual se convierte una variedad lingüística en lengua estándar se denomina estandarización, y se desarrolla en diferentes etapas, que se pueden resumir en tres: 1) selección de una variedad, 2) codificación, e 3) implementación.

La selección de una variedad es la primera fase del proceso de estandarización. Los distintos criterios que se usan para elegir una variante como lengua estándar no suelen tener que ver con razones lingüísticas. Es habitual que se elija como estándar la variante lingüística asociada con los centros de poder político o económico, como ocurrió con el castellano en España o con el francés (variante lingüística hablada en París) en Francia. El prestigio asociado a la lengua hablada en la corte o la capital lleva a menudo a elegirla como estándar. Otras veces se elige la variante con mayor número de hablantes o con mayor extensión geográfica. En ocasiones se opta por una lengua sincrética, que recoja rasgos de algunas de las variantes, con lo cual el estándar no se identifica únicamente con un dialecto. Es el caso del euskera batua o vasco unificado, basado en varios dialectos centrales del vasco.

El proceso de codificación tiene como fin desarrollar y explicitar la forma de la lengua estándar, es decir, su estructura lingüística: ortografía, fonología, gramática y léxico. Por tanto, este proceso tiene que ver fundamentalmente con aspectos internos de la lengua. La codificación establece una variante estándar en una comunidad que no es lingüísticamente homogénea. El primer paso consiste en seleccionar un alfabeto, en el caso de que se trate de una lengua sin tradición escrita, así como diseñar reglas de pronunciación y puntuación. El segundo paso de la codificación es elaborar una gramática de la lengua estándar para poder ofrecer a los hablantes un conjunto claro de reglas. En tercer lugar, hay que crear un diccionario donde se recoja el vocabulario de la lengua.

Se denomina implementación al conjunto de medidas diseñadas para que se utilice la lengua estándar. En el proceso de normalización lingüística es fundamental difundir el conocimiento de la lengua estándar entre la población. Para ello es necesario organizar cursos de idiomas, crear material didáctico, así como formar a profesores, es decir, personas que han de enseñar la lengua al resto de los ciudadanos.

Las tres fases en el proceso de la estandarización arriba mencionada también se pueden denominar "**planificación del estatus** (地位规划)", "**planificación del corpus** (本体规划)" y "**planificación de la adquisición** (习得规划)" respectivamente.

14.1.2 Política lingüística panhispánica

La **política lingüística panhispánica** (泛西班牙语语言政策) se refiere el conjunto de medidas tomadas por el gobierno de España para difundir la lengua española como el idioma de todo el mundo hispánico. Siendo el organismo más importante que ejecuta la política lingüística panhispánica, la Real Academia Española (RAE) siempre confiere debida importancia a la colaboración con América.

De acuerdo con la información publicada en el sitio web oficial de la RAE, el comienzo de la colaboración institucional entre España y los países de América sobre la lengua compartida por todos ellos —en la actualidad, casi quinientos millones de hispanohablantes— se remonta a mediados del siglo XIX.

Este acercamiento guarda estrecha relación con los procesos de independencia, tras los cuales las nuevas naciones adoptan —en su mayoría— el español como lengua oficial y crean sus propias academias.

Ya en 1851, durante la dirección de Francisco Martínez de la Rosa, la RAE designó miembro honorario al gramático venezolano Andrés Bello. Unos años después, en 1871, se fundó la Academia Colombiana de la Lengua, la primera de las veinte corporaciones existentes en el continente americano y que, junto a la filipina y la española, forman la Asociación de Academias de la Lengua Española (ASALE), constituida en 1951 en México.

La política lingüística panhispánica tomó un nuevo rumbo en 1999, con la publicación de la *Ortografía*, revisada conjuntamente por vez primera por todas las academias, tal como se advierte en la propia cubierta del libro.

Esta colaboración se ha incrementado especialmente en la primera década del siglo XXI, con la aparición de obras como el *Diccionario panhispánico de dudas*, el *Diccionario del estudiante*, la

Nueva gramática de la lengua española, el *Diccionario de americanismos,* la *Ortografía de la lengua española*, *El buen uso del español* y el *Diccionario de la lengua española*, todas ellas con un marcado carácter panhispánico.

14.1.3 Organismo que ejecuta la planificación del corpus en España

La RAE es el principal organismo que ejecuta la planificación del corpus de España, se funda en Madrid el año 1713, bajo el reinado de Felipe V y por iniciativa de Juan Manuel Fernández Pacheco y Zúñiga, inspirada en el modelo de la Academia Francesa y con el propósito, reflejado en sus primeros estatutos, de trabajar al servicio del idioma español.

Desde entonces, la institución se ha dedicado a preservar —mediante sus actividades, obras y publicaciones— el buen uso y la unidad de una lengua en permanente evolución y expansión, una aspiración también recogida en sus estatutos vigentes, de 1993.

Con la creación de la ASALE en 1951, comienza a desarrollarse una política lingüística que implica la colaboración de las veintitrés academias de España, América, Filipinas y Guinea Ecuatorial, con el fin de fijar la norma común sobre léxico, gramática y ortografía para todos los hispanohablantes.

Como entidad más importante que ejecuta la planificación del corpus de España, RAE ha elaborado y publicado una serie de diccionarios, gramáticas y ortografías que se recogen en la siguiente tabla:

Figura 14.1

Diccionario	Diccionario de la lengua española
	Diccionario esencial de la lengua española
	Diccionario panhispánico de dudas
	Diccionario del estudiante
	Diccionario práctico del estudiante
	Nuevo diccionario histórico del español
	Diccionario de americanismos
	Diccionario del español jurídico
	Diccionario panhispánico del español jurídico
Gramática	Nueva gramática
	Nueva gramática. Morfología y sintaxis
	Nueva gramática. Fonética y fonología
	DVD Las voces del español
	Manual de la Nueva gramática
	Nueva gramática básica
Ortografía	Ortografía 2010
	Ortografía básica
	Ortografía escolar

Fuente: Sitio Web oficial de RAE. Fecha de consulta: febrero de 2019.

A lo largo de su historia, la RAE ha tenido sedes temporales en distintos lugares de la capital de España. La actual, en la calle Felipe IV, es un edificio construido expresamente para la corporación e inaugurado en 1894. Desde 2007 cuenta también con el Centro de Estudios de la RAE y de la ASALE, un edificio de la calle Serrano (187 y 189) cedido por el Gobierno de España para acoger los proyectos panhispánicos.

14.2 Lectura

14.2.1 Bibliografía básica

Orígenes de la Real Academia Española
(Información publicada en el sitio web oficial de RAE, Fecha de consulta: febrero de 2019)

La Real Academia Española (RAE) se creó en Madrid en 1713, por iniciativa de Juan Manuel Fernández Pacheco y Zúñiga (1650–1725), octavo marqués de Villena, quien fue también su primer director.

Tras algunas reuniones preparatorias realizadas en el mes de junio, el 6 de julio de ese mismo año se celebró, en la casa del fundador, la primera sesión oficial de la nueva corporación, tal como se recoge en el primer libro de actas, iniciado el 3 de agosto de 1713. En estas primeras semanas de andadura, la RAE estaba formada por once miembros de número, algunos de ellos vinculados al movimiento de los *novatores*.

Más adelante, el 3 de octubre de 1714, quedó aprobada oficialmente su constitución mediante una real cédula del rey Felipe V.

En 1715, después de considerar una serie de propuestas para decidir su lema, la institución, en "una votación secreta, eligió el actual: un crisol en el fuego con la leyenda *Limpia, fija y da esplendor*", según señala Alonso Zamora Vicente en su *Historia de la Real Academia Española* (1999). Para conocer mejor la historia general de la RAE, además del citado libro de Zamora Vicente, se recomienda la consulta del *Catálogo* de la exposición del tricentenario (2013) —coordinado por los académicos Carmen Iglesias y José Manuel Sánchez Ron— y *La Real Academia Española. Vida e historia* (2014), de Víctor García de la Concha, director honorario de la corporación desde 2010.

La RAE, cuyo principal precedente y modelo fue la Academia Francesa fundada por el cardenal Richelieu en 1635, se marcó como objetivo esencial desde su creación la elaboración de un diccionario de la lengua castellana, "el más copioso que pudiera hacerse". Ese propósito se hizo realidad con la publicación del *Diccionario de autoridades,* editado en seis volúmenes, entre 1726 y 1739, y en cuyos preliminares se incluye una sucinta historia de la corporación.

En 1715 la Academia, que en sus inicios contaba con veinticuatro miembros, aprobó sus primeros estatutos, a los que siguieron los de 1848, 1859, 1977 y 1993. La *Orthographía* apareció en 1741 y en 1771 se publicó la primera edición de la *Gramática*.

A lo largo de sus trescientos años de historia, un total de treinta y un directores han regido los destinos de la RAE, aunque dos de ellos —Ramón Menéndez Pidal y José María Pemán— repitieron en su cargo en dos períodos diferentes de sus vidas.

Instalada en su actual sede académica de la calle madrileña de Felipe IV desde 1894, la institución ha ido adaptando sus funciones a las exigencias y necesidades de la sociedad de su tiempo. Los estatutos vigentes, aprobados en 1993, establecen como objetivo fundamental de la Academia "velar por que la lengua española, en su continua adaptación a las necesidades de los hablantes, no quiebre su esencial unidad". Este compromiso se ha plasmado en la denominada *política lingüística panhispánica*, compartida con las otras veintidós corporaciones que forman parte de la Asociación de Academias de la Lengua Española (ASALE), creada en México en 1951.

14.2.2 Bibliografía complementaria

[1] COOPER R, 1997. La planificación lingüística y el cambio social[M]. Madrid: Akal.

[2] GARCÍA O, 2007. Lenguas e identidades en mundos hispanohablantes: desde una posición plurilingüe y minoritaria[M]//LACORTE M. Lingüística aplicada del español. Madrid: Arco/Libros: 377-406.

[3] LI Yuming, 2010. La planificación lingüística en China[M]. Beijing: Casa Editorial Comercial.

[4] MORENO J C, 2000. La dignidad e igualdad de las lenguas[M]. Madrid: Alianza.

14.3 Prácticas y ejercicios

Clasificación de las prácticas planificadoras

Las prácticas planificadoras se pueden clasificar según diferentes criterios. El primero es de acuerdo con la fase de estandarización que hemos presentado con anterioridad: "planificación del estatus", "planificación del corpus" y "planificación de la adquisición". Por ejemplo, la elección de la lengua oficial de las comunidades autónoma de España es un tipo de planificación del estatus. La creación de *Pinyin*, el sistema fonético de chino, representa la planificación del corpus. La fundación del Instituto Cervantes se puede encuadrar en la planificación de la adquisición.

El otro criterio de clasificación lo propone Kaplan y Baldauf en el año 1997. Según estos investigadores (Kaplan y Baldauf, 1997), las prácticas planificadoras se pueden clasificar en: la macro planificación lingüística, la meso planificación lingüística y la micro planificación lingüística. La macro planificación suele ser efectuada por el gobierno de algún país, y los planificadores de este nivel toman decisiones teniendo en consideración del beneficio del Estado. Por ejemplo, la política lingüística panhispánica implementada por el Gobierno de España se sitúa en el nivel de la macro planificación lingüística. A diferencia de la macro planificación, el ámbito de la meso planificación se limita a una determinada comunidad autónoma, provincia u otras regiones administrativas. Por ejemplo, la selección de catalán como lengua oficial de la comunidad autónoma de Cataluña es un tipo de meso planificación lingüística. La micro planificación lingüística se refiere a casos en que empresas, instituciones, familias, grupos o individuales crean un plan de utilizar y desarrollar sus recursos lingüísticos, uno que no es el resultado directo de macro política que es algo más grande sino una respuesta a sus propias necesidades, problemas lingüísticos, o requisito para la gestión lingüística. Por ejemplo, la comunicación en dialecto (en lugar de la lengua oficial del Estado) en algunas familias es una práctica de micro planificación.

Investigación de campo: planificación de la adquisición

La **investigación de campo** (田野调查) es aquella que se realiza directamente con la fuente de información y en el lugar y tiempo en que ocurren los fenómenos objetos del estudio. Entre las herramientas de apoyo para este tipo de investigación se encuentran la encuesta, la entrevista, el experimento y la observación, etc.

Para una investigación de campo se requiere lo siguiente: 1) Especificación del tipo de estudio (explorativo, descriptivo, explicativo, histórico, etc.) que indique el nivel hasta donde se quiere llegar. 2) Diseño utilizado: experimental o no experimental, primeramente, y diseño específico después. 3) Muestra: probabilística o no probabilística y unidades de análisis. Es importante incluir los criterios de inclusión y/o exclusión de las unidades de análisis. 4) Instrumentos y técnicas: medios con los cuales se van a recolectar los datos (cuestionarios, entrevistas, observaciones, etc.). Hay que mencionar con precisión cuáles son y en qué consisten; y las técnicas: cuantitativas (alguna prueba estadística, por ejemplo, para probar la hipótesis) o cualitativas (análisis de contenido, historias de vida, relatos de vida, etc.) o una combinación de ambas.

Figura 14.2

	En cuanto a la forma	En cuanto a la función
Planificación de la adquisición o la educación	Determinación de la lengua; Personal docente; Construcción del plan curricular; Materiales didácticos y métodos de enseñanza; Fuente del capital; Relaciones con las comunidades; Evaluación.	Readquisición de las lenguas; Conservación de las lenguas; Lengua extranjera/Segunda lengua; Transición lingüística.

Fuente: Kaplan y Baldauf (2003).

De acuerdo con el marco de la planificación de la adquisición propuesto por Kaplan y Baldauf (2003), para realizar una investigación de campo acerca de la planificación de la adquisición, es importante visitar instituciones u organismos educativos investigando los siguientes datos: lengua o las lenguas que se enseñan, el personal docente así como su formación, el plan curricular, los manuales o materiales didácticos que se utilizan, los métodos pedagógicos, fuente o fuentes del capital, exámenes o evaluaciones.

Cuestionario

(1) Busque información en internet y haga una breve presentación sobre el organismo de planificación de adquisición de España: Instituto Cervantes.

(2) Clasifique los siguientes factores a la hora de efectuar la selección de una variedad y complete la siguiente tabla. (Adaptación adaptado de Escandell, 2011: 330)

   A. Es una variedad superior lingüísticamente a las demás.
   B. Resulta más útil para comunicar.
   C. Es la lengua de la capital.
   D. Es una lengua más adecuada para la literatura.
   E. Tiene un vocabulario más amplio que el resto de las variedades.
   F. Es la lengua del centro de poder económico.
   G. Es una lengua más precisa, más rica en matices, más lógica.
   H. El hecho de disponer de libros de texto y material didáctico en una lengua.
   I. El coste económico de estandarizar una lengua.

Factores lingüísticos	A
Factores extralingüísticos	

(3) Clasifique las siguientes prácticas de acuerdo con las definiciones presentadas en este capítulo acerca de la estandarización.

   A. Determinación de la lengua oficial de una organización.
   B. Elaboración de la *Ortografía* de cierta lengua.
   C. Formación del profesorado de lenguas extranjeras.
   D. Creación de materiales didácticos de lenguas extranjeras.
   E. Elección de la lengua nacional.
   F. Sustitución del alfabeto árabe por el alfabeto latino.
   G. Creación de *Pinyin*.
   H. Fundación del Instituto Confucio.

Planificación del estatus	A
Planificación del corpus	
Planificación de la adquisición	

(4) Realice una investigación de campo acerca de la planificación de la adquisición visitando un centro docente de español en China o un centro docente de chino en un país hispanohablante, y rellene el siguiente informe.

INFORME

Datos generales
Nombre del centro docente: _____
Fecha de investigación de campo: _____
Investigador/investigadora: _____

Datos recogidos
Lengua o lenguas que se enseñan: _____
Personal docente: _____
_____
_____

Formación del personal docente: _____
_____
_____

Plan curricular: _____
_____
_____
_____

Manuales o libros de texto: _____
_____
_____

Materiales didácticos complementarios: _____
_____
_____

Métodos pedagógicos: _____
_____
_____

Fuente o fuentes del capital: _____
Exámenes o evaluaciones: _____
_____
_____

Otras observaciones: _____
_____
_____

Capítulo 15
La lingüística y la lexicografía[*]

15.1 Conceptos básicos: la lingüística y la lexicografía
    15.1.1 Historia de la lexicografía
    15.1.2 Tipología de los diccionarios
    15.1.3 Las entradas léxicas

15.2 Lectura
    15.2.1 Bibliografía básica
    15.2.2 Bibliografía complementaria

15.2 Prácticas y ejercicios

---

[*] La presentación de los términos y conceptos de este capítulo se basa en Sánchez y Cordero (2019) y Escandell et al. (2011).

La lexicografía es una disciplina auxiliar de la lingüística que se ocupa de la elaboración de diccionarios. La elaboración de un diccionario no es simplemente cuestión de ordenar alfabéticamente las palabras y caracterizar su significado. Detrás de esta actividad hay también una reflexión teórica, dedicada a establecer los requisitos que debe cumplir la información que se presenta en el diccionario. El **lexicógrafo** (词典编纂者) debe tener un conocimiento adecuado del léxico de la lengua y de su organización, pero también debe conocer el resto de los niveles de análisis de la lengua. (Escandell, 2011: 323)

15.1 Conceptos básicos: la lingüística y la lexicografía

En la actualidad, el término lexicografía alude a la rama de la lingüística que se encarga de la elaboración de diccionarios y del estudio de este tipo de obras en cuanto a su historia, tipología y métodos. La lexicografía moderna comporta, por tanto, una práctica y una teoría lingüística que están relacionadas, en última instancia, con las palabras.

Figura 15.1

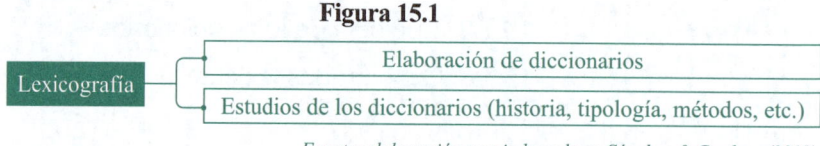

Fuente: elaboración propia basada en Sánchez & Cordero (2019).

Desde su vertiente práctica, el cometido de la lexicografía es la producción de obras en las que se refleje, esencialmente, la estructura, funcionamiento y significado de las palabras; desde su dimensión teórica, la lexicografía reflexiona sobre la naturaleza del diccionario y las características del método empleado para su producción, procurando aportar los fundamentos para que esa entidad que tradicionalmente conocemos como diccionario describa clara y fidedignamente la estructura de la lengua en cuanto a su constituyente léxico.

15.1.1 Historia de la lexicografía

En la historia de la lexicografía se suelen ubicar los orígenes de esta actividad en tiempos tan remotos como el siglo III a.C., se conoce un documento griego de esta época que contiene un glosario de palabras de la *Ilíada* y la *Odisea*, incluso, se habla del posible carácter lexicográfico de unas tablillas de arcilla asirias datadas hacia el siglo VIII a.C.

Dentro de la historia antigua de lo que ahora se conoce como lexicografía se destacan los siguientes trabajos: *De lingua latina* (s. I), de Marcus Terentius Varro, concretamente el apartado sobre el origen y las relaciones de las palabras; *De significatione verborum* (s. I), trabajo perdido de Marcus Verrius Flaccus; y los seis libros con listados de palabras ordenadas alfabética y temáticamente que incluye la obra *De compendiosa doctrina* (s. III), de Nonious Marcellus. Ya en la temprana Edad Media, el ejemplo más notable que sería referente durante mucho tiempo se encuentra en *Etymologiarum Sive Originum* (s. VII), cuya denominación más común desde épocas medievales hasta la actualidad es *Etimologías*, de Isidorus Hispalensis o Isidoro de Sevilla.

En la Edad Media, la actividad lexicográfica proliferó debido a necesidades muy concretas de comunicación y transmisión del conocimiento. En su etapa medieval, este carácter estrictamente utilitario se manifestó a través de explicaciones o comentarios añadidos al margen de los textos (glosas léxicas y apéndices), lo que posteriormente llevó a la elaboración de glosarios, esto es, catálogos de palabras que tenían la finalidad de aclarar el sentido o la equivalencia en otra lengua de las palabras que, a juicio de los autores de estos listados, podrían resultar oscuras o poco usuales para los lectores.

Durante el Renacimiento, en el espacio de la lexicografía europea, se producen obras bilingües y plurilingües en las que el latín se pone en relación con las lenguas vulgares o vernáculas que han adquirido carácter nacional y han ganado prestigio frente a aquella lengua de cultura. En cuanto a la lengua castellana, el *Diccionario latino-español* de Elio Antonio de Nebrija (Salamanca, 1492) se considera obra iniciadora de la lexicografía española. Ligado a su carácter fundacional a la vez que renovador, se ha subrayado también la marcada influencia que los diccionarios del nebrisense ejercieron sobre muchos trabajos posteriores, no solo en castellano, sino en otras lenguas europeas.

Entre finales del siglo XVI y principios del XVIII, la constitución de corporaciones interesadas en las respectivas lenguas nacionales, especialmente en su exaltación y fijación, propició que se consolidara la lexicografía monolingüe. Las primeras de estas academias, que surgieron en el ámbito de las lenguas neolatinas y se dedicaron a la elaboración de diccionarios monolingües, fueron la italiana: Accademia della Crusca, 1583; la francesa: Académie française, 1635; la española: Real Academia Española, 1713 y la portuguesa: Academia das Ciências de Lisboa, 1779.

No es hasta mediados del siglo XX cuando lexicógrafos y lingüistas comienzan a reflexionar de manera rigurosa sobre una teoría del diccionario; es especialmente durante las décadas de 1960 y 1970 que el trabajo lexicográfico, considerado hasta el momento un arte o un oficio, comienza a ocupar un espacio dentro de la Lingüística. En la actualidad, la bibliografía en torno a la teoría y la práctica lexicográfica es sumamente amplia, y, como es propio de la lingüística moderna, se aprecia en muchos estudios lexicográficos una acentuada tendencia hacia la interdisciplinariedad.

Otro rasgo que ha marcado a la lexicografía desde el último tercio del siglo XX ha sido la implementación de la informática en distintos aspectos de la elaboración de diccionarios; la capacidad de las computadoras para manejar grandes cantidades de datos ha permitido a los lexicógrafos trabajar con corpus textuales muy voluminosos y controlar adecuadamente la información que se incluye en los artículos lexicográficos, entre otras tantas ventajas.

15.1.2 Tipología de los diccionarios

Como se ha dicho, hablar de lexicografía implica hablar de diccionarios, y uno de los primeros aspectos que fueron abordados por la lexicografía teórica fue la clasificación de estas obras. Distintos autores han propuesto los criterios para establecer una tipología de los diccionarios, el primero en hacerlo de manera sistemática fue el lingüista ruso Lev Vladimirovi.

En la actualidad se suele distinguir entre las siguientes clases de diccionarios: diccionario enciclopédico/diccionario de lengua, diccionario general/diccionario de especialidad, diccionario semasiológico/diccionario onomasiológico, diccionario monolingüe/diccionario bilingüe, diccionario activo (codificador)/diccionario pasivo (descodificador), diccionario descriptivo/diccionario prescriptivo, diccionario sincrónico/diccionario diacrónico. Esta clasificación no es definitiva, pero es orientadora.

15.1.3 Las entradas léxicas

Cada una de las entradas léxicas que integran un diccionario se denomina **lema** (词条). Antes de elaborar un diccionario hay que tomar decisiones sobre cuál debe ser la estructura de cada entrada, el tipo y la cantidad de información que debe contener y la naturaleza de los datos que debe incluir. Dentro de cada entrada se puede incluir información sobre la pronunciación, la categoría gramatical a la que pertenece la palabra y sus propiedades (por ejemplo, si se trata de un nombre, género o clase gramatical; si se trata de un verbo, se puede ofrecer información sobre cómo se conjuga), la forma etimológica de la que deriva, las diferentes acepciones de cada palabra (con ejemplos de uso en contextos más amplios), el tipo de unidades con las que se combina, el ámbito de uso de cada acepción (si se emplea en astronomía, o en matemáticas, o en joyería), la variedad lingüística a la que se adscribe una acepción (por ejemplo, si pertenece al registro formal o coloquial, o si es propia del lenguaje juvenil; o si se trata de un significado que se da en un área geográfica determinada...).

15.2 Lectura

15.2.1 Bibliografía básica

Sun Yizhen: el hombre que ama los diccionarios bilingües
(Extracción de Yu, 2019)

Sin mencionar al título notable de catedrático en filología hispánica de la Universidad de Estudios Internacionales de Shanghai (SISU), ni hablar del prestigio como Padre de Diccionarios de Español en China, ni referirse al gran honor del Premio Nacional a la Trayectoria por sus extraordinarias contribuciones a la causa lexicográfica, mi profesor Sun Yizhen, en opinión de la autora, es un excelente narrador quien con sus perseverantes esfuerzos nos ha enseñado los ideales y aspiraciones que abrigan los primeros hispanistas de China, y ha hecho posible que nuestra voz se oiga con claridad en los países de habla española.

Nacido en 1933 en la provincia de Zhejiang, Sun Yizhen fue admitido en el Instituto de Estudios Extranjeros de Beijing en 1955, donde inició su aprendizaje de español. Con las excelentes calificaciones, se graduó con antelación y empezó a trabajar como profesor de español en el mismo instituto y a partir de 1973 en el Instituto de Estudios Internacionales de Shanghai, cuyo nombre actual es Universidad de Estudios Internacionales de Shanghai. En Shanghai se desempeñó varios años como decano de la Facultad de Español. En 1988 fue nominado catedrático y en 1998, diez años después, se jubiló. Como uno de los primeros hispanistas de

China, la relación entre Sun y la lengua española se resume en una amistad de más de 60 años.

La verdad es que antes de ganar el premio superior en el ámbito de lexicográfica de China, de lo que hemos sido testigos en 2018, los trabajos lexicográficos de Sun han atraído mucha atención de las instituciones académicas tanto chinas como extranjeras. En mayo de 2018, en la entrevista con Darío Villanueva, director de la Real Academia Española (RAE), la autora, decana de la Facultad de Estudios Europeos y Latinoamericanos de SISU, le ha regalado dos diccionarios bilingües elaborados por Sun Yizhen, *Nueva Era: Gran Diccionario Español-Chino* y *Nuevo Diccionario Chino-Español*. El director de la RAE dio un alto valor a la excelente calidad de ellos y también al trabajo del profesor.

Si giramos la vista hacia China, no sería nada exagerado decir que Sun Yizhen ha tomado parte en la redacción de la mayoría de los diccionarios en español publicados en el país. Los diccionarios bilingües elaborados por Sun están tan reconocidos por los hispanistas en China que han vinculado su nombre con el sentido de diccionario hispánico. A partir del año 1976 cuando inició su primer diccionario, Sun nunca ha parado sus pasos en la compilación de diccionarios de español. Desde el siglo pasado hasta ahora, los diccionarios que ha redactado en jefe incluyen: *Diccionario Manual Español-Chino* (Editorial de Traducción de Shanghai, 1981); *Nuevo Diccionario Chino-Español* (Casa Editorial Comercial, 1999); *Diccionario Conciso Español-Chino y Chino-Español* (Casa Editorial Comercial, 2005); *Nueva Era: Gran Diccionario Español-Chino* (Casa Editorial Comercial, 2008); *Diccionario Conciso Español-Chino y Chino-Español* (Editorial de Educación de Lenguas Extranjeras de Shanghai, 2008); *Nuevo Diccionario Español-Chino* (Editorial de Traducción de Shanghai, 2010), y más.

El *Diccionario Manual Español-Chino* es el primer diccionario compilado por Sun Yizhen como editor en jefe. Tiene un total de 4 millones de palabras y recoge más de 43.000 entradas basadas en mayor medida en vocabulario básico y general junto con una gran cantidad de palabras científicas y técnicas y colecciona frases, modismos y proverbios, así como préstamos de voces y palabras nuevas o con nuevos significados. Como la explicación de las entradas es concisa y clara, con ejemplos de uso muy vívidos, tuvo una buena acogida por su simplicidad y practicidad. Ha sido bien vendido por más de treinta años y ha recibido el nombre de "árbol de hoja perenne" en la lexicografía de español. En 1986, el diccionario fue galardonado con el Premio a la Excelencia en Filosofía y Ciencias Sociales de Shanghai. El *Nuevo Diccionario Chino-Español* lleva en total 3,5 millones de caracteres, más de 6.000 individuales y 50.000 entradas que están compuestas por varios caracteres. Además, se incluyen aproximadamente 20.000 palabras integradas y frases lexicalizadas. Después de la publicación, el diccionario ha sido reimpreso 7 veces, con ventas que superan a 50.000 ejemplares hasta ahora. El *Diccionario Conciso Español-Chino y Chino-Español* ha sido uno bilingüe, bidireccional y portátil. En más de una década, se ha reimpreso más de 10 veces y la venta ha sobrepasado a 100.000 ejemplares. Conforme al aumento de los aprendientes de chino en los países hispanohablantes, en los últimos años, este diccionario ha sido muy solicitado y especialmente valorado por los que estudian chino como una herramienta indispensable.

Nueva Era: Gran Diccionario Español-Chino, obra representativa del profesor Sun, simboliza el nivel más alto de la lexicografía de español dentro de China. Este diccionario constituye la planificación prioritaria *Proyecto Nacional de Recopilación de Diccionarios 1988-2000*. Para llevar a buen cabo tal iniciativa, Sun Yizhen, con una veintena de expertos en lexicografía, trabajaron durante más de diez años. El diccionario tiene un total de 9,5 millones de caracteres, que incluyen más de 120.000 entradas, y otras 30.000 frases hechas, expresiones idiomáticas y modismos. Las entradas conceden atención a la inclusión de los nombres propios y términos en las ciencias naturales (medicina, informática, bioingeniería) y ciencias sociales (especialmente economía y derecho), abreviaturas, un número considerable de términos latino-americanos, así como los nombres de personas, lugares, organizaciones e instituciones que tienen relación con ciertas entradas de este diccionario. Además, se adjuntan al final seis apéndices útiles tal como la tabla de conjugación. Tratándose del diccionario bilingüe español-chino de mayor dimensión en China, una vez publicado, se convirtió rápidamente en foco de atención y fue valorado positivamente por los hispanistas de todo el país. El Sr. Chen Zhongyi, director del Instituto de Lenguas Extranjeras de la Academia de Ciencias Sociales de China, escribió un artículo titulado "Compilando diccionarios en tiempos prósperos" en que elogió que el trabajo de Sun Yizhen era un acto virtuoso cuyo infinito mérito beneficiaría considerablemente a los descendientes. Por lo demás, algunos expertos en lexicografía de los países hispanohablantes manifestaron que "los homólogos chinos ya han llevado la delantera en la redacción de diccionarios." Dicho diccionario ha ganado el Premio de Libros del China Publishing Group en 2009, la nominación al Premio del Gobierno del Libro de China y el Premio al Libro Original en 2010, así como el Premio a la Excelencia en Ciencias Sociales y Filosofía de Shanghai en 2011. Los 5.000 ejemplares de la primera impresión se agotaron en solo un año y en la actualidad, ha sido reimpreso tres veces con una venta superior a 10.000 ejemplares.

Después de jubilarse en 1998, el catedrático Sun no dejó al lado el trabajo de redactar diccionarios. En cambio, siguió la empresa empezando un largo camino de compilar *Nueva Era: Diccionario Chino-Español de Aprendizaje* (5 millones de palabras) y *Nueva Era: Gran Diccionario Chino-Español* (10 millones de palabras). En el momento de proceder a compilar el *Nueva Era: Gran Diccionario Chino-Español,* ya tenía 78 años, y unos colegas, al enterarse de su plan, creyeron que era una locura. Pero una vez iniciado el trabajo, el profesor Sun no podía contener su fascinación. "De verdad me falta tiempo. Mi mayor deseo por este momento es poder completar la redacción de *Nueva Era: Gran Diccionario Chino-Español*, en que actualmente estamos trabajando. Si resulta posible, me da ganas de modificar algunos grandes diccionarios más", dijo él. Afortunadamente, ya se ha completado el primer borrador de estos dos diccionarios y dentro de poco se procederá la etapa de publicación. Mientras tanto, el profesor Sun aún no se ha detenido. Espera poder revisar uno por uno los múltiples diccionarios que ha redactado antes.

A medida que ha ido avanzando en la acumulación de experiencia, Sun Yizhen viene formando su propio concepto sobre la redacción del diccionario chino-español, que es, la interpretación se basa principalmente en la palabra correspondiente y el vocabulario característico de China se traduce directamente de chino a español con el objetivo de minimizar las dependencias e influencias negativas respecto a las traducciones en inglés.

En el presente, a los 86 años de edad, el Sr. Sun sigue con su constante paciencia, persistencia y entusiasmo por el trabajo y ha cambiado de horario para ajustarse a la necesidad de compilación. Duerme desde las ocho hasta las doce de la medianoche, luego se levanta para redactar el diccionario hasta las cuatro o cinco de la madrugada; después de un breve descanso, trabaja de las ocho a las doce del mediodía; tras una breve siesta hasta las dos, continúa el trabajo de la tarde. Para él, compilar diccionarios se le ha convertido en un hecho tan importante como el comer y dormir. De los gruesos manuscritos, no es difícil imaginar cuántos inviernos crudos y veranos calurosos ha pasado nuestro profesor trabajando delante del escritorio. Él dijo: "El trabajo lexicográfico no trae ni honor ni riqueza. Además, poca gente conoce la dureza de este trabajo. Sin embargo, cuando estamos frente a los diccionarios como a nuestros hijos, todos los sufrimientos experimentados han valido la pena." Y con modestia expresó, "el diccionario es un resultado colectivo, no el mío propio. Tanto los profesores de la Facultad de Estudios Europeos y Latinoamericanos de SISU como los otros profesionales hispanistas de fuera me han brindado gran apoyo. Sin su ayuda, los diccionarios no han podido y van a salir a la luz."

A pesar de ello, no podemos negar su mérito personal en la materia. A lo largo de tantos años dedicados a la causa lexicográfica, el profesor Sun Yizhen ha construido gradualmente el sistema y la estructura general de los diccionarios bilingües de chino y español. Su vida de tantos años inmersos en diccionarios configura una preciosa riqueza para el campo hispanista en China. El catedrático Sun Yizhen de SISU, es un modelo para todos los profesionales en esta carrera. Siguiendo sus ejemplos e instrucciones tanto de palabras como de comportamiento, en SISU ha tomado cuerpo un equipo profesional compuesto por los académicos de tres generaciones, los mayores, los de edad mediana y los jóvenes en la compilación de diccionarios. Ahora están esforzándose por continuar, promover e innovar esta gran tradición académica.

El profesor Sun dice: "La nueva generación transmite mejor la voz de China y cuenta bien la historia de China. En cuanto a los diccionarios, estoy seguro de que lo seguirán mis alumnos en SISU y las leyendas de diccionarios perpetúan. Veo que los estudiantes de español que se han formado en la universidad son realmente buenos. Ahora, nosotros ya miramos a la generación más joven de hoy día. ¡Anímense!"

15.2.2 Bibliografía complementaria

[1] ATKINS B T, RUNDELL M, 2008. The Oxford Guide to Practical Lexicography[M]. Oxford: Oxford University Press.

[2] FONTENELLE T, 2009. Practical Lexicography: A Reader[M]. Oxford: Oxford University Press.

[3] HAENSCH G, WOLF L, ETTINGER S, et al., 1982. La lexicografía. De la lingüística teórica a la lexicografía práctica[M]. Madrid: Gredos.

[4] RAFEL I, FONTANALS J, 2005. Lexicografía[M]. Barcelona: UOC.

15.3 Prácticas y ejercicios

Organización interna de las entradas
(Adaptación de *Diccionario de sinónimos y antónimos*. Barcelona: Espasa, 2017)

Las entradas se organizan de diferentes maneras en diferentes diccionarios. Veremos a continuación la organización interna de las entradas del *Diccionario de sinónimos y antónimos* de Espasa. Este diccionario pone al alcance de los usuarios un amplio repertorio de voces con sus correspondientes sinónimos y antónimos, con lo que se ofrece a los hispanohablantes una multiplicidad de posibilidades léxicas que les permiten expresar con precisión ideas o conceptos análogos.

La facilidad de poder elegir entre diversas voces aquella que mejor se ajusta a la idea que queremos comunicar en cada momento es, sin duda, una de las propiedades fundamentales que caracteriza el uso adecuado de una lengua, y el *Diccionario de sinónimos y antónimos* de Espasa simplifica a los usuarios esa búsqueda de la palabra justa. La organización interna de las entradas de este diccionario se ilustra con el siguiente esquema:

Figura 15.2

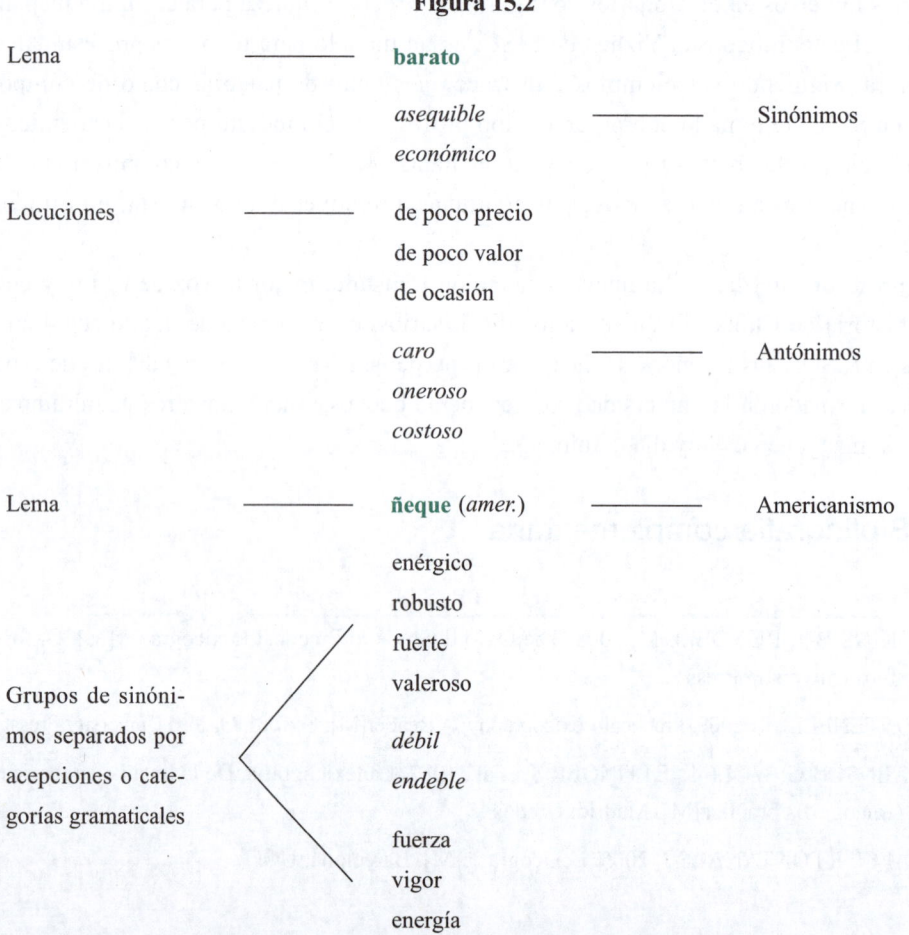

Fuente: Prólogo del Diccionario de sinónimos y antónimos. Barcelona: Espasa, 2017.

Presentación del *Diccionario de uso del español*
(Adaptación de Seco, Manuel. "Presentación", *Diccionario de uso de español*. Madrid: Gredos, 2004)

En un cuarto de siglo exacto, entre 1942 y 1967, se produjo el nacimiento de tres grandes diccionarios que, con muy distinta personalidad, hay que inscribir, por sus novedosas aportaciones, como hitos memorables en la historia de la lexicografía española: el *Diccionario ideológico* de Julio Casares, el *Diccionario general ilustrado* dirigido por Samuel Gili Gaya y el *Diccionario de uso* de María Moliner. El primero no tardó en revisarse en una segunda edición. El segundo, más afortunado, alcanzó tres ediciones en vida de su director, y una cuarta bajo el mando de Manuel Alvar Esquerra. El tercero, "el Moliner", es el único que había quedado varado en su edición primera, a pesar de los treinta y un años transcurridos desde su aparición. Bien es verdad que esta obra, como la de Casares, ha acreditado de sobra su vitalidad en la buena acogida de que han disfrutado hasta ahora mismo sus numerosas reimpresiones.

Pero todo en este mundo envejece desde la cuna. Y los diccionarios, por excelentes que sean, empiezan a mostrar sus arrugas mucho antes y más deprisa que las catedrales y los palacios. Como referencia en el caso del Diccionario de Moliner podemos tomar el dato de que, desde 1966-1967, fecha de su primera edición, hasta este momento, se han publicado tres nuevas ediciones de la Academia. Si muchos opinan que las apariciones académicas van demasiado espaciadas, ¿qué podrán decir de la larga inmovilidad del *Diccionario de uso*? Es muy buena señal que el paso del tiempo no haya quebrantado la fidelidad de sus amigos ni ahuyentado a lectores nuevos. Pero también es cierto que cada año se hace un poco más visible la grieta entre las vigencias de la lengua hace tres decenios y las del momento presente.

La irrupción del *Diccionario de uso* en el paisaje lexicográfico español supuso una revolución. Era algo auténticamente nuevo y original. No porque fuesen enteramente inéditas todas sus características, sino porque por primera vez aparecían algunas de ellas conjugadas en una organización unitaria, junto con otras que sí constituían verdadera novedad. Ya un pequeño detalle era una muestra externa de su índole pionera: el anticiparse en casi treinta años a todos los demás diccionarios españoles en la adopción, o más bien restauración, del orden alfabético universal (no inclusión de *ch* y *ll* como unidades alfabéticas) que había usado la Real Academia Española hasta 1803 y que solo en 1994 sería restablecido por el X Congreso de Academias de la Lengua Española.

El propósito central, vertebrador del libro, era hacer del diccionario no solo una "herramienta" (esta es la palabra de María Moliner) para descifrar, sino una herramienta para cifrar, esto es, no ya para interpretar las palabras recibidas, sino para conmutar la comunicación seleccionando las palabras adecuadas para su emisión en mensaje. Este objetivo ya estaba presente, ampliamente desarrollado con otro método, en la obra de Casares. Los "catálogos de sinónimos y palabras afines" que ahora integraba Moliner como parte de numerosas entradas parecería que convertían su texto en un diccionario analógico al estilo del francés de Paul Robert. Pero María Moliner iba más lejos; sabía que la función codificadora no se llena simplemente brindando palabras, porque el mensaje no se construye solo con léxico, sino con sintaxis. Y así, se esforzó por presentar, en los casos precisos, los mecanismos de la construcción y el régimen preposicional que convienen a cada unidad. Más aún, Moliner ofrecía con frecuencia orientaciones relativas a la situación o al contexto de la comunicación: cuando nadie entre nosotros hablaba de pragmática, este diccionario ya se ocupaba de ella.

Otra gran innovación del *Diccionario de uso* estaba en la vertiente descifradora o descodificadora. Aunque esta es la común con todos los diccionarios tradicionales, la autora se impuso el trabajo de revisar las definiciones heredadas, una por una, en todas las unidades léxicas, con la mira puesta en la claridad del lenguaje expositivo, en la precisión de los matices y en la evitación de los habituales círculos viciosos. Esta información se enriquecía con el complemento de numerosos ejemplos, creados para redondear en la mente del lector el concepto descrito en el enunciado definitorio y para exhibir la voz en un contexto: abundancia ilustradora que contrasta con la parquedad observable en la mayoría de los diccionarios corrientes.

Cuestionario

(1) ¿En qué consisten las dos tareas principales que efectúa la lexicografía?

(2) ¿Cómo se define el lema?

(3) ¿Conoce a algún lexicógrafo? Busque sus datos por internet y haga una breve presentación.

(4) ¿Cuáles son los diccionarios que suele utilizar? ¿Cuáles son sus características? Y ¿cómo se organizan internamente sus entradas?

Capítulo 16
La lingüística y las tecnologías*

16.1 Conceptos básicos: la lingüística y la informática
    16.1.1 Las tecnologías del habla
    16.1.2 Las tecnologías del texto
    16.1.3 Los recursos lingüísticos

16.2 Lectura
    16.2.1 Bibliografía básica
    16.2.2 Bibliografía complementaria

16.3 Prácticas y ejercicios

---

* La presentación de los términos y conceptos de este capítulo se basa en Llisterri (2007).

Las tecnologías lingüísticas, tecnologías de la lengua o tecnologías para el leguaje humano, son todas aquellas que se integran en programas informáticos de uso local, en la red o en entornos que requieran la interacción entre personas y ordenadores, para permitir el tratamiento de las lenguas, sea en su vertiente oral o escrita. Las tecnologías lingüísticas pretenden facilitar el uso de las computadoras y el acceso a las redes que configuran la sociedad de la información y del conocimiento, sin que por ello tengamos que renunciar a nuestro uso habitual del lenguaje (Llisterri y Martí, 2002; Martí, 2003).

16.1 Conceptos básicos: la lingüística y la informática

Las tecnologías que se ocupan específicamente del tratamiento de la lengua oral son las llamadas tecnologías del habla, mientras que las que tienen como objeto los textos escritos se enmarcan en el procesamiento de lenguaje natural, aunque también podrían definirse como "tecnologías del texto". En ambos casos, su desarrollo requiere el uso de recursos lingüísticos, entre lo que cabe incluir los corpus, las bases de datos léxicos y las gramáticas computacionales.

16.1.1 Las tecnologías del habla

Las tecnologías del habla tienen como finalidad el tratamiento informático de la lengua oral. Hacen posible que un ordenador ofrezca información hablada. Las tres vertientes básicas que configuran las tecnologías del habla son la síntesis del habla, el reconocimiento del habla y los sistemas de diálogo.

El propósito de la síntesis del habla es la generación automática de mensajes orales con el fin de dotar a los ordenadores de una salida vocal. La técnica más habitualmente empleada para muchas de las aplicaciones de la síntesis es la conversión de texto en habla, mediante la cual se transforma automáticamente cualquier texto escrito en su correspondiente realización sonora. La estructura de un conversor suele consistir en un conjunto de módulos, cada uno dedicado a una tarea específica en el proceso de convertir una cadena inicial de caracteres —el texto de entrada, en soporte electrónico— en una señal sonora lo más semejante posible a la lectura en voz alta del texto original.

En el reconocimiento automático del habla se plantea la tarea inversa a la síntesis, ya que se pretende transformar una señal sonora continua —el habla— en su correspondiente representación simbólica discreta que, en general, será un texto escrito. El principal problema de los sistemas de reconocimiento radica en que, para alcanzar su objetivo, deben ser capaces de tratar la diversidad de voces, de acentos, de estilos de habla y de entornos en los que puede encontrarse un usuario.

Mediante los sistemas de diálogo o sistemas conversacionales, se pretende facilitar la interacción oral entre una persona y un sistema informático. La principal aplicación de los sistemas de diálogo se encuentra, por el momento, en los servicios telefónicos que permiten obtener información o realizar transacciones sin la presencia de un operador humano. Por esta razón, el diseño de un sistema de diálogo comienza definiendo un dominio de aplicación y analizando interacciones auténticas entre personas, por ejemplo, grabaciones de llamadas a un servicio de venta de entradas. Sin embargo, puesto que las personas no actúan del mismo modo cuando se dirigen a un interlocutor humano que cuando se enfrentan a un sistema automático, en muchas ocasiones se recurre al procedimiento conocido como el "Mago de Oz". En este caso, la persona que realiza una llamada en la etapa de adquisición del corpus escucha una voz sintetizada que le proporciona las respuestas a sus consultas; estas respuestas las decide, en función de un conjunto de escenarios previamente establecidos, un investigador que sigue la conversación —el "mago"— y que envía a un conversor de texto en habla los mensajes más adecuados a cada situación. El corpus así obtenido proporciona unos datos más realistas que permiten refinar el diseño del sistema.

En la actualidad, existe un gran interés por aumentar las prestaciones de los sistemas conversacionales integrando otros tipos de información, especialmente visual —los gestos o las expresiones faciales—, aunque no se excluyen opciones como el empleo de pantallas táctiles o de otras modalidades en interacción.

16.1.2 Las tecnologías del texto

Las tecnologías del texto son las que se centran en el tratamiento de la lengua escrita, y suelen englobarse habitualmente bajo el término "procesamiento del lenguaje natural". Las tres vertientes básicas que configuran las tecnologías del texto son las herramientas de análisis lingüístico, la generación del lenguaje y la comprensión del lenguaje.

La primera operación que suele llevarse a cabo en el procesamiento de la lengua escrita es la lematización, es decir, la detección automática del radical de una palabra. Un lematizador es, por lo tanto, una herramienta que asocia una forma flexionada o derivada de una palabra con su correspondiente lema, separando la raíz de los afijos. El siguiente paso en un tratamiento computacional sería el análisis morfológico completo, en el que se indicarían la categoría léxica de la palabra y las categorías gramaticales (género, número, persona, tiempo, modo, etc.) representadas en cada uno de sus morfos.

Un analizador sintáctico ofrece la estructura de constituyentes de una oración, representada, por lo general, en forma de árboles con los nodos etiquetados, tal como suele hacerse habitualmente en sintaxis. El análisis semántico automático presenta una mayor complejidad, ya que su objetivo es crear una representación abstracta que permita alcanzar un cierto grado de "comprensión" del enunciado, estableciendo las relaciones de significado entre los elementos léxicos. Finalmente, las herramientas de análisis pragmático son necesarias en aplicaciones que implican una interacción entre el usuario y un ordenador.

La generación del lenguaje es una técnica que permite la creación automática de textos escritos a partir de una representación conceptual. Un sistema de generación de lenguaje consta, en general, de tres módulos dedicados, respectivamente, a la macroplanificación, la microplanificación y la realización superficial. El primero de ellos se ocupa de determinar el contenido del texto y de estructurarlo para que pueda comprenderse adecuadamente. El componente centrado en la microplanificación se encarga de estructurar las oraciones que formarán el texto, combinando varios mensajes en una oración, seleccionando el léxico apropiado y estableciendo las relaciones de correferencia entre elementos. Finalmente, en la etapa de realización superficial se aplican las reglas gramaticales que dan como resultado oraciones bien formadas y se establece la forma final del texto.

La comprensión del lenguaje consiste en extraer de un texto escrito una representación abstracta del contenido que contenga la información necesaria para realizar otras operaciones, en el contexto, por ejemplo, de una interfaz en lenguaje natural que proporcione información sobre los horarios de trenes, la "comprensión" se limita a determinar la estación de origen, la de llegada, la fecha y la franja horaria en que el usuario desea viajar, que son los elementos imprescindibles para proporcionar una respuesta. Como es lógico, la comprensión depende fundamentalmente de las herramientas de análisis morfológico, sintáctico y semántico, así como también del desarrollo de gramáticas y de diccionarios.

16.1.3 Los recursos lingüísticos

Los recursos lingüísticos representan un elemento esencial para el desarrollo de las aplicaciones propias de las tecnologías del lenguaje. Habitualmente, se agrupan en tres grandes categorías: **corpus** (语料库), recursos léxicos y gramáticas, aunque estas últimas pueden considerarse también herramientas para el análisis o para la generación de textos.

Un corpus puede definirse como un conjunto estructurado de textos que forman una muestra representativa del uso real de la lengua. Sin embargo, cualquier colección de materiales no da pie por sí misma a un corpus si no cumple una serie de requisitos: un diseño coherente, la presencia en los textos de marcas que definan su estructura según unos estándares comúnmente aceptados, y una documentación completa que permita conocer la precedencia y las características de cada uno de los materiales. Existen básicamente dos tipos de corpus: orales y escritos. La **lingüística de corpus** (语料库语言学) es la disciplina que se dedica a la creación y la explotación de los recursos lingüísticos escritos y orales.

El desarrollo de las tecnologías lingüísticas requiere, además de los corpus, el uso de recursos léxicos, entre los que cabe mencionar los léxicos computacionales, monolingües o multilingües, y las llamadas redes léxico-semánticas. Existen también otros recursos electrónicos como los diccionarios en CD-ROM o en la web. Un léxico computacional, a diferencia de los diccionarios convencionales, contiene la información morfológica, sintáctica y semántica relevante para las diversas aplicaciones del procesamiento del lenguaje, para su incorporación a las herramientas de análisis automático y para la anotación de corpus textuales.

Una gramática computacional se concibe como una descripción formalizada del conocimiento lingüístico que puede ser empleada tanto como una herramienta de análisis automático como en el funcionamiento de algunas de las aplicaciones que hemos descrito con anterioridad. Por esta razón se considera, junto con los corpus y los léxicos, un recurso para el desarrollo de las tecnologías del texto y, en ocasiones, del habla.

16.2 Lectura

16.2.1 Bibliografía básica

¿Traductores automáticos desplazarán a traductores humanos?
(Adaptación de spanish.china.org.cn. Texto original por la agencia Xinhua)

Si como dice el proverbio chino "aprender un idioma es tener una ventana más para observar el mundo", el buscador chino Baidu ha brindado al país un portal que pone a la Tierra en la punta de los dedos de las personas.

Hace meses, la aplicación de traducción de Baidu recibió un premio nacional de ciencia por su trabajo para desarrollar traducciones automáticas, un honor raro para compañías de internet.

"Ganó el honor por su mérito tecnológico y relevancia social", dijo el vicepresidente de Baidu, Wang Haifeng, en una entrevista exclusiva con Xinhua.

La aplicación de traducción "puede reconocer texto, voces e incluso imágenes. Por ejemplo, los viajeros pueden tomar una foto del menú y la aplicación leerá el menú y hará la traducción".

Wang ha encabezado al equipo de investigación de la aplicación de traducción de Baidu en los seis años pasados. El software ahora puede traducir entre 27 idiomas, tiene 500 millones de usuarios a nivel mundial y responde a más de 100 millones de solicitudes de traducción a diario.

Con frecuencia es usado por minoristas en línea para traducir las descripciones de sus productos, lo que les ahorra el costo de contratar traductores.

La aplicación se está expandiendo rápidamente. Los desarrolladores solo necesitan 11 días para lanzar un nuevo idioma, dijo Wang.

"Recabamos datos bilingües en internet, después la computadora estudia los datos automáticamente y forma los modelos de traducción correspondientes", comentó.

Sin embargo, el rápido desarrollo de las traducciones automáticas ha causado preocupaciones de que los empleos de traducción podrían estar en peligro pronto o que si aprender un segundo idioma será inútil.

Zou Tingfang, una intérprete dedicada a la traducción de asuntos legales cree que es poco probable que las traducciones automáticas desplacen a los traductores en el futuro próximo.

"Recurro al software cuando hago traducciones, pero nunca lo uso cuando interpreto. Las máquinas aún tienen muchas limitantes", indicó. "El idioma, sobre todo de forma oral, es vivo y dinámico. Las máquinas no pueden captar los cambios tan adecuadamente como los seres humanos. Por ejemplo, cuando se interpreta, una palabra puede tener más de diez significados dependiendo de la ocasión. Las máquinas aún no pueden distinguir con precisión diferentes contextos".

Sin embargo, las traducciones automáticas pueden ser precisas para traducir idiomas con un contexto fijo, como publicidad, juegos en línea o contratos, comentó.

Zhou Min, un profesor de inglés de la Universidad Nanchang en la provincia de Jiangxi, comentó que "también soy un usuario frecuente de las traducciones automáticas cuando traduzco materiales después de las clases. La conveniencia es innegable, pero una máquina es una máquina. Aún no pueden responder a variaciones adecuadamente porque carecen de la flexibilidad del cerebro humano".

Wang Haifeng cree que las máquinas traductoras y los traductores humanos se pueden complementar. "Un sistema de traducción puede dominar decenas de idiomas y jergas en diferentes ámbitos. Pero los buenos traductores pueden transmitir mejor la exquisita belleza de un idioma", afirmó.

Cuando se analiza la demanda del usuario, Wang observa que los visitantes de la aplicación aumentan considerablemente los fines de semana. "Creemos que se debe a que muchos estudiantes utilizan nuestro producto como ayuda para hacer sus tareas", dijo.

Esta tendencia tiene algo preocupada a Yao Ying, profesora de la Escuela de Idiomas Nueva Oriental de Shanghai.

"Muchos de los estudiantes están utilizando el software de traducción. La traducción automática les ofrece un atajo, pero no estoy segura de que eso le haga algún bien a sus estudios, considerando su falta de precisión. Solo puede ser un complemento, no un sustituto del aprendizaje tradicional", afirmó.

Zhou Min considera que la traducción automática está cambiando las actitudes de las personas hacia el aprendizaje de un idioma, pero el entusiasmo de aprender no se desvanecerá en la era de las traducciones automáticas.

"La gente que necesita aprender cierto idioma para usarlo ocasionalmente no tendrá que estudiar el idioma porque una aplicación puede resolver el problema. Pero quienes están aprendiendo idiomas para una maestría o porque planean una estancia de largo plazo en otro país, la traducción automática puede ayudarles a aprender de manera más eficiente", señaló.

Zou Tingfang dijo que incluso si las traducciones automáticas progresan tanto que puedan cubrir todas las necesidades de traducción en el futuro, la gente aún querrá obtener un conocimiento funcional de diferentes idiomas.

"La gente nace con el deseo de expresarse y de comunicarse", mencionó, "siempre habrá la necesidad de una comunicación directa y profunda".

16.2.2 Bibliografía complementaria

[1] LAVID J, 2005. Lenguaje y nuevas tecnologías. Nuevas perspectivas, métodos y herramientas para el lingüista del siglo XXI[M]. Madrid: Cátedra.

[2] MITKOV R, 2005. The Oxford Handbook of Computational Linguistics[M]. Oxford: Oxford University Press.

[3] RUIZ J, 2005. Lenguaje e informática/Lenguaje y ordenadores[M]//LÓPEZ A, GALLARDO B. Comunicación y lenguaje. Valencia: Universidad de Valencia: 401-436.

[4] TAPIAS D, 2002. Interfaces de voz con lenguaje natural[M]//MARTÍ M, LLISTERRI J. Tratamiento del lenguaje natural. Tecnología de la lengua oral y escrita. Barcelona: Universidad de Barcelona:189-207.

16.3 Prácticas y ejercicios

Aplicación de las tecnologías del habla
(Adaptación de Llisterri, 2007: 489)

(1) El dictado automático

La aplicación de las tecnologías del habla más conocida es tal vez el dictado automático, con el que un usuario puede dictar un texto mediante un micrófono conectado al ordenador y este queda almacenado en un programa de tratamiento de textos. Se trata de una posibilidad especialmente útil cuando se realizan a la vez otras tareas que ocupan las manos, cuando la entrada de datos mediante un teclado no es muy cómoda —sería el caso de los ordenadores de mano o de los teléfonos celulares— o, naturalmente, para personas con limitaciones de movilidad.

(2) Las interfaces conversacionales

Los sistemas de diálogo son útiles en todas aquellas situaciones en las que se desea obtener una información o realizar una transacción a través del teléfono, sin contar con la presencia de un operador humano. Se emplean, pues, en los servicios de atención al cliente, en la banca electrónica, para la venta de billetes o de entradas y en otros servicios relacionados con el comercio electrónico; constituyen también la base de los llamados "portales de voz", equivalentes telefónicos de los portales de internet.

(3) La traducción automática del habla

El auge de los mercados internacionales y las posibilidades abiertas por los sistemas de diálogo ha planteado un nuevo reto: hacer posible la traducción automática en tiempo real de conversaciones telefónicas. La traducción de la lengua oral requiere combinar un reconocedor automático del habla para procesar los enunciados de cada uno de los interlocutores, un módulo de traducción automática, un gestor del diálogo y un conversor de texto en habla, de modo que el resultado de la traducción sea accesible oralmente.

(4) La recuperación de información a partir de documentos sonoros

Los medios de comunicación orales disponen hoy en día de grandes archivos de grabaciones digitales; puesto que no es posible, por motivos de tiempo y de economía, transcribir su contenido, se han propuesto técnicas basadas en el reconocimiento del habla y en la recuperación de información que facilitan el acceso automático a documentos sonoros.

(5) La identificación y verificación automática de la identidad del locutor y la identificación automática de la lengua

La identificación automática de una persona a través de su voz y la verificación de su identidad por el mismo procedimiento son, probablemente, dos de las aplicaciones de las tecnologías del habla que más atraen la atención del gran público. El reconocimiento automático del locutor es necesario, por ejemplo, para efectuar transacciones bancarias por teléfono sin tener que recurrir a números personales de identificación; se plantea también como un procedimiento que sustituya las contraseñas al acceder a determinadas instalaciones o a sistemas informáticos y, en conjunto, representa un sector destacado en el desarrollo de las técnicas biométricas para la identificación de personas. En el contexto legal ha adquirido también un papel muy relevante, pues permite incorporar una cierta objetividad a las decisiones que, hasta ahora, estaban en manos de expertos en fonética judicial. La identificación automática de la lengua en la que se expresa un determinado hablante es también un problema que ha atraído la atención de los expertos, puesto que permite ofrecer servicios multilingües sin necesidad de que el usuario tenga que indicar explícitamente la lengua que desea emplear.

Aplicación de las tecnologías del texto
(Adaptación de Llisterri, 2007: 498)

(1) Herramientas de ayuda a la escritura

Una de las aplicaciones más extendidas de las tecnologías lingüísticas son los correctores ortográficos y gramaticales, que se encuentran en la mayoría de los procesadores de textos, y que pueden describirse genéricamente como herramientas de ayuda a la escritura. Es frecuente distinguir, en este ámbito, tres niveles de complejidad creciente: verificación ortográfica, verificación gramatical y verificación de estilo (Gómez, 2000 y 2001).

(2) La traducción automática

La aplicación de las tecnologías del texto más popular es tal vez la traducción automática. Sin embargo, pese a su difusión, sigue siendo una tecnología sujeta a ciertas limitaciones en lo que se refiere a la gama de contenidos que pueden traducirse con éxito, y a las dificultades que plantea la traducción entre pares de lenguas tipológicamente muy lejanas. Actualmente, se han desarrollado aplicaciones profesionales que permiten obtener buenos resultados con textos especializados en dominios bien delimitados y han aparecido, además, sistemas de traducción asistida por ordenador que mejoran notablemente la labor del traductor.

(3) La recuperación y extracción de información y la respuesta a preguntas

La recuperación de información consiste en seleccionar la información que solicita un usuario. Un ejemplo de la aplicación de esta técnica se encuentra en los buscadores más conocidos en internet, que proporcionan un listado de páginas potencialmente relevantes en función de las palabras utilizadas en la búsqueda.

La extracción de información es más compleja que la recuperación de la misma. La finalidad de la búsqueda, en este caso, no es solo seleccionar los documentos relevantes, sino encontrar unos datos determinados en el contenido de un conjunto de documentos y ofrecérselos al usuario de la forma más organizada posible.

La respuesta a preguntas es un caso en que el usuario formula una pregunta concreta, que el sistema analiza para extraer las palabras clave y para realizar una selección de los documentos que las contienen; a partir de estos datos se construye una respuesta que incluye, ordenadas jerárquicamente, las secciones más relevantes de los documentos.

Cuestionario

(1) ¿Cuál es la definición de las tecnologías lingüísticas?

(2) Marque con "√" la siguiente tabla acerca de la aplicación de las tecnologías lingüísticas.

	Buscadores en internet	Corrector ortográfico	Traducción automática	Identificación automática de la lengua	Interfaces conversacionales
Aplicación de las tecnológicas del habla					
Aplicación de las tecnológicas del texto					

(3) Haga una breve presentación de un tipo de tecnología lingüística que ha utilizado.

(4) ¿Los traductores automáticos desplazarán a los traductores humanos? ¿Qué opina usted?

Bibliografía general

[1] ALONSO A, 1967. Estudios lingüísticos. Temas españoles[M]. Madrid: Gredos.

[2] ALVAR M, 1993. La formación de palabras en español[M]. Madrid: Arco/Libros.

[3] ATKINS B T, RUNDELL M, 2008. The Oxford Guide to Practical Lexicography[M]. Oxford: Oxford University Press.

[4] AUSTIN J L, 1962. Palabras y acciones[M]. Buenos Aires: Paidós.

[5] BAJO E, 1997. La derivación nominal en español[M]. Madrid: Arco/Libros.

[6] BERTINETTO P M, 1981. Strutture prosodiche dell´italiano[M]. Firenze: Accademia della Crusca.

[7] BLUM-KULKA S, 1996. Variaciones en la formulación de peticiones[M]//CENOZ J, VALENCIA J. La competencia pragmática: elementos lingüísticos y psicosociales. Bilbao: Servicio Editorial de la Universidad del País Vasco: 155-175.

[8] BOSQUE I, 1990. Las categorías gramaticales[M]. Madrid: Síntesis.

[9] BOSQUE I, DEMONTE V, 2000. Gramática descriptiva de la lengua española[M]. Madrid: Espasa.

[10] BOSQUE I, GUTIÉRREZ-REXACH J, 2009. Fundamentos de sintaxis formal[M]. Madrid: Akal.

[11] BRIZ A, 2004. Aportaciones del análisis del discurso oral[M]//SÁNCHEZ J, SANTOS I. Vademécum para la formación de profesores. Enseñar español como segunda lengua (L2) / lengua extranjera (LE). Madrid: SGEL:219-242.

[12] BROWN P, STEPHEN L, 1987. Politeness: Some Universals in Language Use[M]. Cambridge: Cambridge University Press.

[13] CAO Yufei, 2007. Un estudio contrastivo de los fonemas oclusivos entre español y chino[J]. México y la Cuenca del Pacífico(28): 91-98.

[14] CAO Yufei, 2012. El artículo definido en el uso anafórico: comparación entre español y chino[D]. Shanghai: Universidad de Estudios Internacionales de Shanghai.

[15] CAO Yufei, 2013. La pronunciación del chino para hispanohablantes. Análisis contrastivo de los rasgos prosódicos distintivos entre chino y español[J]. México y la Cuenca del Pacífico(47): 89-96.

[16] CAO Yufei, 2014a. La definitud en chino: una breve comparación entre español y chino[J]. México y la Cuenca del Pacífico(51): 61-74.

[17] CAO Yufei, 2014b. Clasificación nominal y anáfora: comparación entre español y chino[J]. Círculo de lingüística aplicada a la comunicación(59): 3-15.

[18] CAO Yufei, 2016a. La gramática del chino para hispanohablantes: una perspectiva intercultural[J]. México y la Cuenca del Pacífico(57): 103-115.

[19] CAO Yufei, 2016b. Anáfora con artículo definido y construcción del discurso: comparación entre español y chino[J]. Círculo de lingüística aplicada a la comunicación(67): 89-109.

[20] CAO Yufei, 2018a. Dificultades para pronunciar el mandarín[J]. Dangdai(22): 66-67.

[21] CAO Yufei, 2018b. Artículos y clasificadores numerales: análisis contrastivo entre español y chino[J]. SinoELE(17): 517-526.

[22] CHEN Ping, 2004. Identifiability and definiteness in Chinese[J]. Linguistics, 42(6): 1129-1184.

[23] CHOMSKY N, 1965. Aspects of the Theory of Syntax[M]. Cambridge: MIT Press.

[24] COOPER R, 1997. La planificación lingüística y el cambio social[M]. Madrid: Akal.

[25] CORNISH F, 1999. Anaphora, Discourse and Understanding[M]. Oxford: Oxford University Press.

[26] CRUSE A, 2000. Meaning in Language: An Introduction to Semantics and Pragmatics[M]. Oxford: Oxford University Press.

[27] CRYSTAL D, 2001. International Encyclopedia of the Social and Behavioral Sciences[M]. Amsterdam: Elsevier.

[28] DÍAS F, 2003. La cortesía verbal en inglés y en español. Actos de habla y pragmática intercultural[M]. Jaén: Universidad de Jaén.

[29] DONG Xiufang, 2010. Diachronic Changes of the Referential Properties of Bare Nouns in Chinese[J]. Studies in language and linguistics, 30(1): 11-20.

[30] DONG Yansheng, 2003. Sintaxis del español[M]. Beijing: Editorial de Enseñanza e Investigación de Lenguas Extranjeras.

[31] ESCANDELL M, 2007a. Apuntes de semántica léxica[M]. Madrid: UNED.

[32] ESCANDELL M, 2007b. Fundamentos de semántica composicional[M]. Madrid: UNED.

[33] ESCANDELL M, 2010. Introducción a la pragmática[M]. 2ª edición. Barcelona: Ariel.

[34] ESCANDELL M, MARRERO V, CASADO C, et al., 2011. Invitación a la lingüística[M]. Madrid: Universitaria Ramón Areces.

[35] FÁBREGAS A, 2013. La morfología: El análisis de la palabra compleja[M]. Madrid: Síntesis.

[36] FERNÁNDEZ S, 1997. Interlengua y análisis de errores en el aprendizaje del español como lengua extranjera[M]. Madrid: Edelsa.

[37] FITCH W T, HAUSER M D, CHOMSKY N, 2005. The evolution of the language faculty: Clarifications and implications[J]. Cognition, 97(2): 179-210.

[38] FONTENELLE T, 2009. Practical Lexicography. A Reader[M]. Oxford: Oxford University Press.

[39] GARCÍA O, 2007. Lenguas e identidades en mundos hispanohablantes: desde una posición plurilingüe y minoritaria[M]//LACORTE M. Lingüística aplicada del español. Madrid: Arco/Libros: 377-406.

[40] GARRIDO J, 1988. Lógica y lingüística[M]. Madrid: Síntesis.

[41] GENDLER SZBAÓ Z, 2005. Semantics versus Pragmatics[M]. Oxford: Clarendon Press.

[42] GIL J, 2000. Panorama de la fonología española actual[M]. Madrid: Arco/Libros.

[43] GIL J, 2007. Fonética para profesores de español: de la teoría a la práctica[M]. Madrid: Arco/Libros.

[44] GÓMEZ X, 2000. Lingüística computacional[M]//RAMALLO F, REI-DOVAL G, RODRÍGUEZ X. Manual de ciencias da linguaxe. Vigo: Edicións Xerais de Galicia: 221-268.

[45] GÓMEZ X, 2001. Recursos d'ajut a l'edició. Ortografia, sintaxi i estil[M]//MARTÍ M. Les tecnologies del llenguatge. Barcelona: Edicions de la Universitat Oberta de Catalunya:15-26.

[46] GRIMES B F, 1996. Ethnologue: Languages of the World[M]. Dallas: Summer Institute of Linguistics.

[47] GUTIÉRREZ S, 1989. Introducción a la semántica funcional[M]. Madrid: Síntesis.

[48] HAENSCH G, WOLF L, ETTINGER S, et al., 1982. La lexicografía. De la lingüística teórica a la lexicografía práctica[M]. Madrid: Gredos.

[49] HALL T, 2001. Distinctive Feature Theory[M]. Berlín: Mouton de Gruyter.

[50] HEINE B, 1997. Cognitive Foundations of Grammar[M]. Oxford: Oxford University Press.

[51] HERNÁNDEZ-FLORES N, 1999. Politeness Ideology in Spanish Colloquial Conversation: The Case of Advice[J]. Pragmatics, 9(1): 37-49.

[52] HOLMLANDER D, 2011. Estrategias de atenuación en español L1 y L2. Estudio contrastivo en hablantes españoles y suecos[M]. Lund: Lunds universitet.

[53] ITURRIOZ J, 1986. El proyecto de tipología y universales de Colonia[J]. Función(1): 19-33.

[54] ITURRIOZ J, 1996. Los artículos y la operación de determinación[M]//BOSQUE I. El sustantivo sin determinación. La ausencia de determinante en la lengua española. Madrid: Visor: 339-389.

[55] JACKENDOFF R, PINKER S, 2005. The Nature of the Language Faculty and Its Implications for Evolution of Language[J]. Cognition, 97(2): 211-225.

[56] KAPLAN R, BALDAUF R, 1997. Language Planning from Practice to Theory[M]. Bristol: Multilingual Matters.

[57] KAPLAN R, BALDAUF R, 2003. Language and Language-in-Education Planning in the Pacific Basin[M]. Dordrecht: Kluwer.

[58] LADO R, 1957. Linguistics Across Cultures: Applied Linguistics for Language Teachers[M]. Ann Arbor: University of Michigan Press.

[59] LAVID J, 2005. Lenguaje y nuevas tecnologías. Nuevas perspectivas, métodos y herramientas para el lingüista del siglo XXI[M]. Madrid: Cátedra.

[60] LEHISTE I, PETERSON G, 1961. Some Basic Considerations in the Analysis of Intonation[J]. Journal of the Acoustical Society of America, 33(4): 419-425.

[61] LEONETTI M, 1996. El artículo definido y la construcción del contexto[J]. Signo y seña(5): 107-139.

[62] LI Yuming, 2010. La planificación lingüística en China[M]. Beijing: Casa Editorial Comercial.

[63] LLISTERRI J, 2007. El español y las nuevas tecnologías[M]//LACORTE M. Lingüística aplicada del español. Madrid: Arco/Libros: 483-520.

[64] LLISTERRI J, MARTÍ M, 2002. Las tecnologías lingüísticas en la sociedad de la información[M]// MARTÍ M, LLISTERRI J. Tratamiento del lenguaje natural. Tecnología de la lengua oral y escrita. Barcelona: Universidad de Barcelona: 13-28.

[65] LU Jingsheng, 1988. Las relaciones de significado en la sustitución en español[J]. Lenguas extranjeras(1): 70-73.

[66] LU Jingsheng, 1991. Comparación entre la fonética china y española[J]. Lenguas extranjeras(6): 58-61.

[67] LÜ Shuxiang, 2014. Comprendio de la gramática del chino[M]. Beijing: Casa Editorial Comercial.

[68] LYONS C, 1999. Definiteness[M]. Cambridge: Cambridge University Press.

[69] LYONS J, 1997. Semántica lingüística: Una introducción[M]. Barcelona: Paidós Ibérica.

[70] MARÍN R, 1995. La duración vocálica en español[J]. Elua(10): 213-226.

[71] MARTÍ F, ORTEGA P, IDIAZABAL I, et al., 2006. Palabras y mundos. Informe sobre las lenguas del mundo[M]. Barcelona: Icaria Antrazyt.

[72] MARTÍ M, 2001. Les tecnologies del llenguatge[M]. Barcelona: Ediciones de la Universitat Oberta de Catalunya.

[73] MARTÍN E, 2008. Diccionario de términos clave de ELE[M]. Madrid: SGEL.

[74] MEI Deming, 2017. Enciclopedia de lingüística y lingüística aplicada[M]. Beijing: Universidad de Beijing.

[75] MIAO Jianhua, 2006. Análisis de problemas de pronunciación y escritura a través de los errores del dictado[G]//Departamento de Español de la Universidad de Estudios Extranjeros de Beijing. Actas del simposio internacional de hispanistas de Beijing. Beijing: Editorial de Enseñanza e Investigación de Lenguas Extranjeras: 421-426.

[76] MITKOV R, 2005. The Oxford Handbook of Computational Linguistics[M]. Oxford: Oxford University Press.

[77] MOLINER M, 2004. Diccionario de uso del español[M]. Madrid: Gredos.

[78] MORENO J C, 1991a. Curso universitario de lingüística general. Tomo I: Teoría de la gramática y sintaxis general[M]. Madrid: Síntesis.

[79] MORENO J C, 1991b. Curso universitario de lingüística general. Tomo II: Semántica, pragmática, morfología y fonología[M]. Madrid: Síntesis.

[80] MORENO J C, 2000. La dignidad e igualdad de las lenguas[M]. Madrid: Alianza.

[81] MORENO J C, 2003. El universo de las lenguas. Clasificación, denominación, situación, tipología, historia y bibliografía de las lenguas[M]. Madrid: Castilia.

[82] PENA J, 1999. Partes de la morfología, las unidades del análisis morfológico[M]//BOSQUE I, VIOLETA D. Gramática descriptiva de la lengua española. Madrid: Espasa: 4305-4366.

[83] PINKER S, 1994. The Tower of Babel[M]//PINKER S. The Language Instinct. London: Penguin: 231-261.

[84] QUILIS A, 1999. Tratado de fonología y fonética españolas[M]. Madrid: Polígono Industrial.

[85] QUILIS A, FERNÁNDEZ J, 1999. Curso de fonética y fonología españolas: para estudiantes angloamericanos[M]. Madrid: Instituto Miguel de Cervantes.

[86] Real Academia Española, 2010. Nueva gramática de la lengua española: manual[M]. Madrid: Espasa.

[87] Real Academia Española, 2011. Nueva gramática de la lengua española: fonética y fonología[M]. Madrid: Espasa.

[88] RAFEL I, FONTANALS J, 2005. Lexicografía[M]. Barcelona: UOC.

[89] REYES G, 1994. El abecé de la pragmática[M]. Madrid: Arco/Libros.

[90] ROCA I, JOHNSON W, 1999. A Course in Phonology[M]. Oxford: Blackwell.

[91] RUIZ J, 2005. Lenguaje e informática/Lenguaje y ordenadores[M]//LÓPEZ A, GALLARDO B. Comunicación y lenguaje. Valencia: Universidad de Valencia: 401-436.

[92] SAEED, J, 1997. Semantics[M]. Oxford: Blackwell.

[93] SÁNCHEZ J, SANTOS I, 2004. Vademécum para la formación de profesores. Enseñar español como segunda lengua (L2) / lengua extranjera (LE)[M]. Madrid: SGEL.

[94] SÁNCHEZ V, CORDERO S. Estudios de lexicografía[EB/OL].[2019-08-10]. http://inil.ucr.ac.cr/programas/lexicografia/que-es-la-lexicografia/.

[95] SÖHRMAN I, 2007. Lingüística contrastiva como herramienta para la enseñanza de lenguas[M]. Madrid: Arco/Libros.

[96] SUN Hongkai, HUANG Xing, 2006. Diversidad lingüística en China[M]//MARTÍ F, ORTEGA P, IDIAZABAL I, et al. Palabras y mundos. Barcelona: Icaria Antrazyt: 313-316.

[97] TAPIAS D, 2002. Interfaces de voz con lenguaje natural[M]//MARTÍ M, LLISTERRI J. Tratamiento del lenguaje natural. Tecnología de la lengua oral y escrita. Barcelona: Universidad de Barcelona: 189-207.

[98] THOMAS J, 1983. Cross-Cultural Pragmatic Failure[J]. Applied Linguistics, 4(2): 91-112.

[99] TOLEDO S, 2018. Los actos comunicativos en español como lengua extranjera[M]. Valparaíso: Pontificia Universidad Católica de Valparaíso.

[100] VARELA S, 1990. Fundamentos de morfología[M]. Madrid: Síntesis.

[101] VARELA S, 2005. Morfología léxica: la formación de palabras[M]. Madrid: Gredos.

[102] VERSCHUEREN J, 2002. Para entender la pragmática[M]. Madrid: Gredos.

[103] XIANG Ning, 2012. Estudio experimental sobre la duración vocálica en el chino mandarín[J]. Revista académica de Jinan(164): 124-129.

[104] XU Yulong, 1992. Introducción a la lingüística contrastiva[M]. Shanghai: Editorial de Educación de Lenguas Extranjeras de Shanghai.

[105] YOON J, 2000. Las técnicas de individuación e identificación en coreano y español. Análisis contrastivo[J]. Función(1): 279-338.

[106] YU Man, 2019. Sun Yizhen: el hombre que ama los diccionarios bilingües[J]. Dangdai(25): 64-65.

[107] YULE G, 1996. Pragmatics[M]. Oxford: Oxford University Press.

[108] ZHANG Qingxiang, 2002. Oposición sonoro vs. sordo en el dialecto de Wu[J]. Periódico académico de la Universidad Normal de Shanghai(2): 108-112.

Apéndice I Glosario

Glosario	Capítulo
absolutivo 通格	7
acento 重音	4
acto ilocutivo 言外行为	12
acto locutivo 言内行为	12
acto perlocutivo 言后行为	12
acto verbal 言语行为	12
acusativo 宾格	7
adjetivo 形容词	7
adverbio 副词	7
afijo 词缀	6
africado 塞擦音	3
agente 施事	8
alfabeto fonético de la *Revista de Filología Española* (ARFE) 西班牙语语言文学期刊音标	3
alfabeto fonético internacional (AFI) 国际音标	3
alófono 音位变体	4
alomorfo 语素变体	5
alveolar 齿龈音	3
amplitud 振幅	3
análisis contrastivo 对比分析	13
análisis de errores 错误分析	13
análisis del discurso 话语分析	2
antonimia 反义	9
articulación 发音	3
artículo 冠词	7
asertivo 断言型的	12
bilabial 双唇音	3
caracteres alfabéticos 音标	3
caso 格	6
categoría funcional 虚词	7

Glosario	Capítulo
categoría gramatical 词类	7
categoría léxica 实词	7
clase de palabra 词类	7
clasificador 量词	7
cognitivo 认知的	2
complemento circunstancial 景况补语	8
complemento de régimen preposicional 固定搭配介词补语	8
complemento directo 直接补语	8
complemento indirecto 间接补语	8
composición 复合	6
compromisivo 承诺型的	12
conjugación verbal 动词变位	6
conjunción 连词	7
conjunto 集合	10
conmutación 替换	4
conocimiento enciclopédico 百科知识	9
consonante 辅音	3
contradictorio 矛盾的	10
contrario 对立的	10
corpus 语料库	16
correferencial 同指的	9
cuerda vocal 声带	3
declarativo 宣告型的	12
declinación 词形变化	6
diacrítico 变音符号	3
diacrónico 历时的	2
dialecto 方言	1
directivo 指令型的	12
decibelio 分贝	3
dental 齿音	3

Glosario	Capítulo	Glosario	Capítulo
derivación 派生	6	glotis 声门	3
descodificación 解码	11	Gramática Generativa 生成语法	2
destinatario 受事对象	8	Gramática Universal 普遍语法	2
distancia social 社会距离	12	hercio 赫兹	3
duración 音长	3	hiperónimo 上义词	9
elemento segmental 音段成分	3	hipónimo 下义词	9
elemento suprasegmental 超音段成分	3	holónimo 整体词	9
entonación 音调	4	honorífico 敬语	12
ergativo 作格	7	implicación lógica 逻辑蕴含	10
estandarización 标准化	14	inferencia 推理	11
extrañamiento 蕴含	10	interiorización 内化	1
estructura de constituyentes 成分结构	8	interjección 叹词	7
estructuralista 结构主义的	2	interlengua 中介语	13
experimentante 感受者	8	interpretación 阐释	11
expresivo 表达型的	12	investigación de campo 田野调查	14
familia 语族	1	labiodental 唇齿音	3
filo 语系	1	lateral 边音	3
flexión 屈折	1	lema 词条	15
fonación 发声	3	lexicografía 词典编纂学	2
fonema 音位	4	lexicógrafo 词典编纂者	15
fonética 语音学	2	lengua aglutinante 黏着语	1
fonética acústica 声学语音学	3	lengua aislante 孤立语	1
fonética articulatoria 发音语音学	3	lengua analítica 分析语	1
fonética perceptiva 听觉语音学	3	lengua de signos 手语	1
fonología 音位学	2	lengua estándar 标准语	1
frecuencia 频率	3	lengua flexiva 屈折语	1
fricativo 擦音	3	lengua materna 母语	13
fuente 来源地	8	lengua meta 目标语	13
fuerza ilocutiva 言外之力	12	lengua polisintética 复综语	1
función semántica 语义功能	8	lingüística clínica 临床语言学	2
función sintáctica 句法功能	8	lingüística computacional 计算语言学	2
funcionalista 功能主义的	2	lingüística contrastiva 对比语言学	13
gestual-visual 手势－视觉的	1	lingüística de corpus 语料库语言学	16

Glosario	Capítulo
lingüística judicial 司法语言学	2
lugar de articulación 发音部位	3
merónimo 部分词	9
meta 目的地	8
milisegundo 毫秒	3
modo de articulación 发音方法	3
morfema 语素	1
morfema gramatical 语法语素	5
morfema léxico 词汇语素	5
morfema libre 自由语素	5
morfema ligado 黏着语素	5
morfología 词法学	2
morfología diacrónica 历时词法学	5
morfología sincrónica 共时词法学	5
morfología flexiva 屈折词法学	5
morfología léxica 词汇词法学	5
nasal 鼻音	3
nominativo 主格	7
núcleo 核心	8
numeral 数词	7
objeto 宾语	7
oclusivo 塞音	3
onda sonora 声波	1
onomatopeya 拟声词	7
origen 来源地	8
palabra auxiliar 助词	7
palatal 硬腭音	3
par mínimo 最小对立体	4
paradigma 聚合关系语言项	6
paráfrasis 释义	10
parasíntesis 双重构词法	6
planificación de la adquisición 习得规划	14
planificación del corpus 本体规划	14
planificación del estatus 地位规划	14

Glosario	Capítulo
planificación lingüística 语言规划	2
política lingüística 语言政策	14
política lingüística panhispánica 泛西班牙语语言政策	14
pragmática 语用学	2
pragmática cognitiva 认知语用学	11
pragmática social 社会语用学	11
predicado 谓语	8
prefijo 前缀	6
preposición 介词	7
presuposición 预设	10
pronombre 代词	7
pronombre personal átono 非重读人称代词	8
proposición 命题	10
proyección 投射	8
psicolingüística 心理语言学	2
rasgo distintivo 区别性特征	4
raíz 词根	6
reduplicación 重叠	6
registro 语域	1
retroalimentación 反馈	1
semántica 语义学	2
significado 意义	11
significado gramatical 语法意义	9
significado léxico 词汇意义	9
sílaba 音节	4
sílaba débil o átona 非重读音节	4
sílaba fuerte o tónica 重读音节	4
sincrónico 共时的	2
sinonimia 近义	9
sintagma 语段	8
sintagma adjetival 形容词语段	8
sintagma adverbial 副词语段	8
sintagma nominal 名词语段	8
sintagma preposicional 介词语段	8

Glosario	Capítulo	Glosario	Capítulo
sintagma verbal 动词语段	8	transferencia negativa 负迁移	13
sintaxis 句法学	2	transcripción fonética 标音	3
sociolingüística 社会语言学	2	ubicación 方位	8
sonido aspirado 吐气音	4	variedad 变体	1
sonido del habla 音素	3	variedad diafásica 语用变体	1
sonoro 浊音	3	variedad diastráctica 社会变体	1
sordo 清音	3	variedad diatópica 地域变体	1
sufijo 后缀	6	velar 软腭音	3
sujeto 主语	7	verbo 动词	7
sustantivo 名词	7	vibrante 颤音	3
tema 受事	8	vocal 元音	3
Teoría de la Optimidad 优选论	2	vocal-auditivo 发声–听觉的	1

Apéndice II Solucionario

Capítulo 1

(1) Las propiedades que caracterizan a las lenguas son canal vocal-auditivo; transmisión irradiada y recepción direccional; evanescencia; carácter discreto; semanticidad; arbitrariedad; dualidad de estructuración; productividad; especialización; desplazamiento; intercambiabilidad de roles; retroalimentación total y transmisión cultural.

(2) Las lenguas naturales emplean la modalidad vocal-auditiva mientras que las lenguas de signos emplean la gestual-visual.

(3)

Factores influentes	Variedad
Factores geográficos	Variedad diatópica
Factores sociales	Variedad diastráctica
Contexto o situación comunicativa	Variedad diafásica

(4) Son el criterio genético, el tipológico y el geográfico.

Capítulo 2

(1) Los tres ámbitos fundamentales en que se organizan las investigaciones lingüísticas son: el de la estructura y sus propiedades formales, el de la cognición y los fundamentos biológicos del lenguaje, y el de la sociedad y la actividad lingüística y sus productos.

(2) Los diferentes niveles de análisis son la fonología, la morfología, la sintaxis y la semántica.

(3)

Perspectiva	Objeto o contenido de estudio
Diacrónica	Los cambios lingüísticos producidos a lo largo de la historia.
Sincrónica	El sistema lingüístico en un momento determinado de la historia.
Diacrónica	El proceso de gramaticalización de un elemento lingüístico.
Sincrónica	Comparación de diferentes lenguas de la actualidad.

(4) Las principales aéreas o disciplinas en que suelen aplicar la lingüística son la enseñanza de idiomas, la lexicografía, la traducción, la planificación lingüística, la lingüística computacional, la lingüística clínica y la lingüística judicial.

(5) Contestación libre.

Capítulo 3

(1) Oclusiva, bilabial:[p],[b]
   Africada, prepalatal:[tʃ]
   Fricativa, labiodental:[f]
   Lateral, alveolar:[l]
   Nasal, bilabial:[m]
   Vibrante, alveolar:[ɾ],[r]
(2) Contestación libre.
(3) Contestación libre.
(4) Contestación libre.

Capítulo 4

(1) fonemas; alófono; barras, corchetes; rasgos distintivos.
(2)

	Fonética	Fonología
Objeto de estudio	Los sonidos de las lenguas	La organización lingüística de los sonidos
Unidad básica	Sonido del habla	Fonema
Método de estudio	El método experimental	La conmutación

(3) /p/, /β/, /w/, /m/, /k/, /t/, /b/
(4) Contestación libre.

Capítulo 5

(1) La morfología flexiva estudia las variaciones de las palabras que implican cambios de contenido de naturaleza gramatical con consecuencias en las relaciones sintácticas, mientras que la morfología léxica estudia la estructura de las palabras y las pautas que permiten construirlas o derivarlas de otras.

(2) Contestación libre.
(3)
   - Autobiografía: {auto-}{-bio-}{-grafía}
   - Cooperación: {co-}{-opera-}{-ción}
   - Democratización: {demo-}{-crat-}{-iza-}{-ción}
   - Desenterrar: {des-}{-en-}{-terr-}{-ar}

- Gastrolito: {gastro-} {-lito}
- Geografía: {geo-} {-grafía}
- Multimedia: {multi-} {-media}
- Polideportivo: {poli-} {-deportivo}
- Previsible: {pre-} {-vis-} {-ible}
- Semifinalista: {semi-} {-fin-} {-al-} {-ista}
- Teletrabajo: {tele-} {-trabajo}

(4)

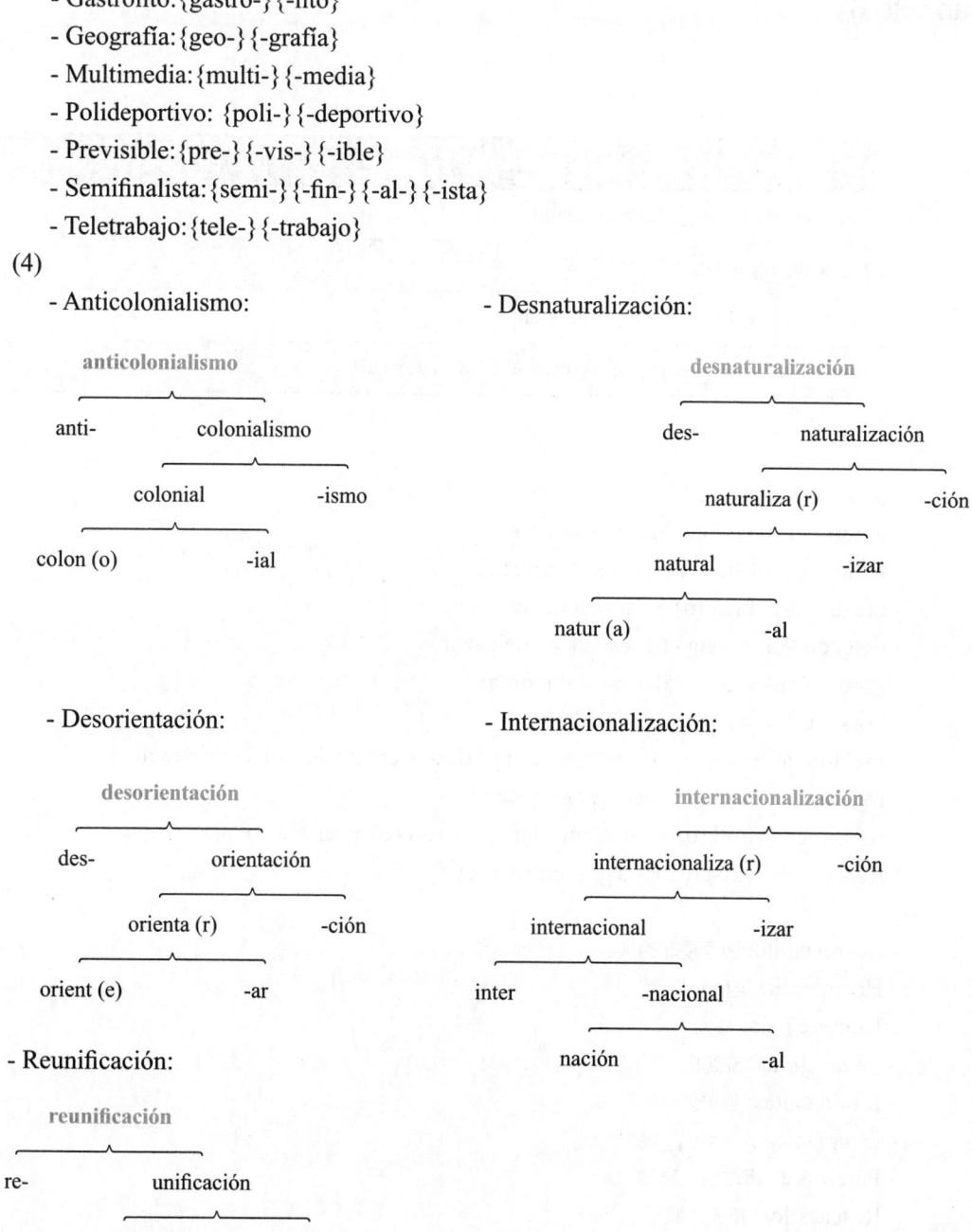

Capítulo 6

(1)

Proceso	Derivación	Flexión
Puede alterar la categoría de la palabra.	√	×
Puede dar lugar a paradigmas.	×	√
Puede cambiar el significado conceptual.	√	×
Puede estar sujeto a requisitos de dependencia contextual.	×	√

(2)

- alto > en- + alt (o) + -ecer > enaltecer
- amor > en- + amor + -ar > enamorar
- bello > em- + bell (o) + -ecer > embellecer
- brazo > a- + braz (o) + -ar > abrazar
- delgado > a- + delga (do) + -ar > adelgazar
- gordo > en- + gord (o) + -ar > engordar
- lazo > en- + laz (o) + -ar > enlazar
- precio > a- + preci (o)+ -ar > apreciar / des- + preci (o)+ -ar > despreciar
- rojo > en- + roj (o) + -ecer > enrojecer
- rollo > en- + roll (o) + -ar > enrollar / a- + roll (o) + -ar > arrollar
- triste > en- + trist (e) + -ecer > entristecer

(3)

- Correveidile: 搬弄是非的人
- Hazmerreír: 笑柄
- Hombre rana: 蛙人
- Lavavajillas: 洗碗机
- Limpiabotas: 擦鞋匠
- Limpiamanos: 毛巾，餐巾
- Parabrisas: 汽车挡风玻璃
- Rascacielos: 摩天大厦
- Sordomudo: 聋哑人；聋哑的

(4)

El procedimiento morfológico básico es la concatenación de morfemas.	√
La derivación es el procedimiento por el que se forman palabras nuevas por la adición de sufijos.	×
En las palabras derivadas son las bases léxicas las que determinan la categoría gramatical.	×
Los prefijos son los responsables de los cambios de categoría gramatical.	×
La derivación implica en todos los casos un cambio de categoría gramatical.	×

Capítulo 7

(1) Las unidades mínimas del análisis sintáctico son las clases de palabras o categorías gramaticales.

(2)

	Categoría léxica	Categoría funcional
Español	levantar silla lentamente guapo	las hacia pero por
Chino	跑步 聪明 苹果 亿	的 了 从 着

(3) El vasco es una lengua ergativo-absolutiva, ya que el sujeto de los verbos intransitivos lleva la misma marca que el objeto de los verbos transitivos, mientras que el sujeto de los verbos transitivos lleva una marca distinta.

C_1: caso absolutivo

C_2: caso ergativo

(4) *Mutil-a-k gizon-a- ø ikusi du*

(5) Contestación libre.

Capítulo 8

(1) c

(2) Complemento de régimen preposicional.
Complemento circunstancial.

(3) [Aumentan[[las compras][por internet]]].
[[Suelen[hacer compras]][por internet]].

(4)

	Función semántica	Función sintáctica
Nos	Experimentante	Complemento indirecto
el vino	Tema	Complemento directo
Luisa	Agente	Sujeto

(5) Es de orden complemento-núcleo.

(6)

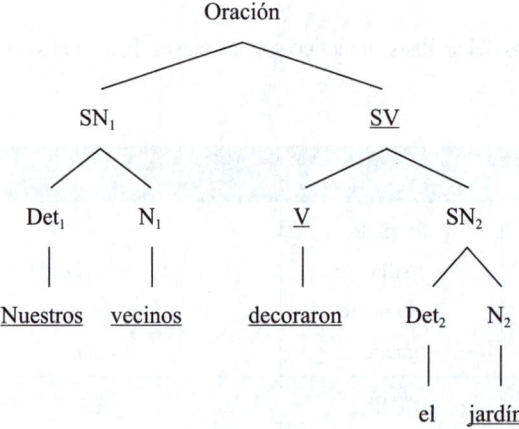

Capítulo 9

(1) La semántica es el estudio científico del significado lingüístico, expresado por medio de las unidades simples y de sus combinaciones. Las principales tareas de la semántica son caracterizar de manera científica el significado de las expresiones lingüísticas; dar cuenta de las relaciones que mantienen las expresiones en virtud de su significado; explicar la ambigüedad; caracterizar los diferentes tipos de significado; explicar la variación contextual del significado y explicar cómo surgen nuevos significados.

(2)

Holónimo	casa
Merónimo	ventana, puerta, terraza, balcón, jardín

(3)

Hiperónimo	mueble
Hipónimo	mesa, silla, cama, escritorio, sofá

(4)

Joven–Viejo: antonimia
Flor–Rosa: hiponimia
Camisa–Ropa: hiperonimia
Mozo–Chico: sinonimia

Coche–Carro: sinonimia
Hermoso–Bello: sinonimia
Beijing–la capital de China: correferencia
Gordo–Delgado: antonimia

(5) Los ejemplos reflejan que cada lengua lexicaliza los conceptos no simplemente en función de las diferencias reconocibles en la realidad, sino según los criterios que resultan más significativos para su cultura.

Capítulo 10

(1) La semántica composicional estudia el significado gramatical de las expresiones simples y complejas.

(2)
a. Presuposición
d. Contrariedad
b. Contradicción
e. Implicación lógica
c. Paráfrasis

(3)
a. Manolo $\cap$ Alto
b. Manolo $\in$ Habla despacio

(4) Contestación libre.

Capítulo 11

(1) La pragmática es la disciplina que se ocupa de las relaciones entre la facultad del lenguaje y otros sistemas externos al lenguaje mismo, que determinan muy significativamente la manera en que el conocimiento lingüístico se pone en uso. La pragmática puede dividirse en la pragmática cognitiva y la pragmática social.

(2) El significado o contenido semántico es la información codificada en la expresión lingüística. Se trata, por tanto, de un significado determinado por las reglas internas del propio sistema lingüístico. La interpretación, en cambio, establece una relación multívoca entre una expresión lingüística y la situación en que se emitió.

(3)

	De naturaleza...	Depende de...
Descodificación	semántica	las reglas propias de cada lengua
Inferencia	pragmática	los sistemas cognitivos humanos

(4) Contestación libre.
(5) Contestación libre.

Capítulo 12

(1) Las investigaciones de pragmática social buscan sobre todo descubrir tendencias y generalizaciones estadísticas acerca de los comportamientos comunicativos de cada grupo cultural y descubrir las pautas que rigen su estilo particular de interacción.

(2) El acto verbal es la realización de un determinado tipo de acción llevada a cabo a través de la lengua.

(3)

	Directamente	Indirectamente	Encubiertamente
Ese libro es muy interesante.			√
¿Puedes comprarme ese libro?		√	
Tengo que pedirte que me compres ese libro.	√		

(4) Los honoríficos pueden aparecer en los pronombres, sufijos, conjugación verbal y léxico.

(5) Contestación libre.

Capítulo 13

(1) No se puede buscar equivalencias entre las categorías a la hora de realizar el análisis contrastivo, y tal análisis debe ser realizado desde una perspectiva funcional.

(2)

Descripción	Falta	Error
Teresa suele usar mayúsculas al escribir la primera letra de los meses en español.		√
Luis se equivoca en una ocasión del nombre de un amigo suyo debido a un fallo de memoria.	√	
En todas las ocasiones, en lugar de "extranjero", Pilar escribe "estrangero".		√
Como estaba muy nervioso en el examen, Julio no pudo recordar cómo deletrear la palabra "anglicismo".	√	

(3) Los cuatro pasos en que se basa el análisis de errores son la localización y la descripción de los errores, así como la clasificación y la explicación de los mismos.

(4) Contestación libre.

(5)

X: clasificación nominal	
A: chino	B: español
Xa: clasificadores numerales	Xb: género gramatical

Capítulo 14

(1) Contestación libre.
(2)

Factores lingüísticos	A, D, E, G
Factores extralingüísticos	B, C, F, H, I

(3)

Planificación del estatus	A, E,
Planificación del corpus	B, F, G
Planificación de la adquisición	C, D, H

(4) Contestación libre.

Capítulo 15

(1) Las dos tareas principales que efectúa la lexicografía consisten en la elaboración de diccionarios y el estudio de los diccionarios.

(2) Cada una de las entradas léxicas que integran un diccionario se denomina lema.

(3) Contestación libre.

(4) Contestación libre.

Capítulo 16

(1) Las tecnologías lingüísticas son todas aquellas que se integran en programas informáticos de uso local, en la red o en entornos que requieran la interacción entre personas y ordenadores, para permitir el tratamiento de las lenguas, sea en su vertiente oral o escrita.

(2)

	Buscadores en internet	Corrector ortográfico	Traducción automática	Identificación automática de la lengua	Interfaces conversacionales
Aplicación de las tecnológicas del habla			√	√	√
Aplicación de las tecnológicas del texto	√	√	√		

(3) Contestación libre.
(4) Contestación libre.